これだけは知っておきたい!

派遣社員のための リスク管理と 上手な働き方

小岩広宣[著]

同文舘出版

はじめに

「今どき派遣社員なんて、とてもやってられないね」

電車の中や喫茶店などで、しばしば派遣社員と思われる人のそんな会話を耳にします。「派遣切り」の話題がニュースを賑わし、行き場を失ってしまった若者のリアルな惨状が報じられている現実をみれば、無理もないことでしょう。

「もう、派遣で働くくらいなら、バイトをやっていたほうがマシだよ」といった派遣を経験した人の痛切な声も聞かれます。

確かに、今は派遣社員にとっては冬の時代です。好況時、職場で誰よりも厳しい仕事に向き合い、長時間の残業もいとわずに頑張りぬいてきた派遣社員の人たちが、不況になると一転して次々に職場を追われています。しかもこの流れは、ひとつの職場やひとつの業界にとどまらず、猛烈な勢いで全国に広がりました。

派遣社員が柔軟で夢のある働き方だといわれたのは、もはや過去の話。もう、派遣で働くことにはアルバイトと同等の意味しかなく、できることならば、そんな働き方は選択したくない。多くの人がそう思い始めています。

でも、本当にそうなのでしょうか？

結論からいえば、私は必ずしもそうとは思いません。

私自身、かつては複数の職場で派遣社員を経験し、今では派遣の専門家として多くの派遣社員や派遣会社からの相談を受けていますが、そんな立場からまわりを見ても、派遣という働き方の魅力や可能性自体がなくなってしまったとは、決して断言できないと思います。

現実に、**こんな時代でも「派遣社員としてやりがいに満ちた生活を送っている」と自信を持って答えてくれる人もたくさんいる**のです。

逆に今必要なことは、むしろ派遣社員という働き方が持っている本来の意味を見直すことではないでしょうか。強みとなる部分は強みとして生かし、期待してはいけないことはそれとしてしっかりと受け止める。そういった努力が今ほど必要なときはないと思います。

もちろん、派遣の働き方には厳しい一面がありますが、うまく活用すればとても魅力的な働き方でもあります。

本書では、派遣で働くために必要なリスク管理の方法と、よりメリットを見出すための上手な働き方について、ご紹介していきたいと思います。

この本は、次のような人に読んでいただくと、とても効果があります。当てはまる人は、いちど冷静に読み進めていただくことをおすすめします。きっと、派遣についてご自身なりに考えをまとめ、何かの気づきを得ていただけると思います。

・今まさに派遣社員として働いていて、漠然とした将来の不安を抱えていたり、職場で何らかの問題に直面している人
・かつて派遣社員として働いた経験があるが、「派遣切り」にあうなどして、派遣に対して相当悪いイメージを持っている人
・今まで派遣社員として働いたことはないが、今後のひとつの選択肢として派遣の働き方を考えたいと思っている人
・派遣社員を受け入れている会社で、日常的に派遣社員と一緒に仕事をしており、派遣社員との接し方について考えたい人
・派遣会社を経営していたり、派遣会社の正社員として勤務していて、派遣社員を管理しなければならない立場にある人

本書は派遣社員として働く人の立場で書かれていますが、派遣社員に仕事を委ねる派遣の受け入れ企業など会社側の立場からも、十分にお役に立てる内容だと思います。この本を読むことで得られるものには、次のような点があります。

・派遣社員の働き方を選択することで得られるメリットと、実際にそのメリットを手にしたパターンを知ることができる
・派遣社員が巻き込まれやすい典型的なトラブルのパターンと対応法を知ることができる
・派遣社員が職場で働く上で最低限知っておくべき法律知識の内容やとらえ方を効率的に学ぶことができる
・「二重派遣」「偽装請負」など派遣元とのトラブルの解決法を具体的に見ることができる
・「派遣期間」「人間関係」など派遣先とのトラブルの解決法を具体的に見ることができる
・派遣社員として働いていく中で、幸せになるためのマインドを知ることができる

それでは、さっそく本論に入っていきましょう。

これだけは知っておきたい！
派遣社員のためのリスク管理と上手な働き方　目次

2章 なぜ派遣社員はトラブルに巻き込まれやすいのか?

3章 派遣社員が最低限知っておくべき法律知識

4章 「派遣元」とのトラブル解決実践編

6章 派遣社員として幸せになるためのマインド

カバーデザイン　BSL
本文DTP　ジェイアイ

プロローグ

派遣社員にとっては冬の時代？

「ネットカフェ難民」から「派遣切り」へ

「派遣」と聞いて、ネガティブな印象を持つ人も多いことでしょう。2009年2月現在、毎日のように、テレビや新聞では人材派遣を取り巻く惨状が報道され、派遣で働く人や職場を失った人の苦悩の姿が映し出されています。派遣制度や派遣会社のイメージも著しく低下しており、雇用不安の象徴のように扱われています。

数年前に「**ネットカフェ難民**」という言葉が登場しましたが、今でも夜のインターネットカフェやマンガ喫茶には、多くの日雇派遣の状態にある人や定職に就かない人が集っています。この傾向は大都市から地方都市にも広がり、年齢的には40代後半から50代以上の層の人も増えつつあります。

日雇派遣で働く人については、以前からずさんな雇用管理や安全管理が問題になっていました。携帯電話1本で、行き先も仕事内容も告げられず、何の教育もされないままに危険な現場作業に従事させられることで、労働災害にあって重傷を負ってしまったり、場合によっては死亡事故につながるようなケースが相次ぎました。

こういった深刻な状況は社会問題にもなり、日雇派遣の制度自体は廃止される流れにありますが、「ネットカフェ難民」の実態は何ら変わっていません。

日雇派遣ではなく数か月の期間契約などで働く派遣社員でも、低賃金や雇用不安が原因でネットカフェなどを拠点とする人が増えてきています。派遣で働く人の数が増えるにしたがって、派遣社員を取り巻く環境の悪化も、ますます深刻化してきているといえるでしょう。

そういった状況に追い打ちをかける格好で、リーマンショックに端を発する世界不況の影響が、派遣で働く人たちを直撃しました。円高の悪影響もあいまって、輸出製品を主力とする多くの国内メーカーの業績が急速に悪化すると、今まで数百人、数千人の派遣社員を抱えていた派遣先企業も競うように「**派遣切り**」を始め、瞬く間に派遣社員が現場から姿を消していきました。

これは製造業に限ったことではなく、ＩＴ系や販売系や事務系でも、世界不況の影響が深刻になるにしたがって、「派遣切り」の流れが加速しています。今まで派遣社員がなくてはならなかった職場で、どんどん派遣社員が仕事を失い、あるいは仕事を失う危険が近づいているのです。

「こんなはずではなかった」「なぜ、自分（たち）がこんな目に」というのが、多くの派遣社員たちの本音だと思います。しかし、この「派遣切り」の流れに対して、今のところ具体的な対策や処方箋が見い出されるには至っていません。

※「ネットカフェ難民」：いわゆるホームレスの一種で、家賃が払えず定住する住居を失い、インターネットカフェなどを宿代わりにして暮らす人々のことを指した造語
※「派遣切り」：２００８年11月からの金融危機を発端とする世界的不況で、自動車メーカーや家電メーカーなどによって行なわれた大規模な派遣契約の打ち切りと、それに伴う派遣社員の解雇・雇い止めのこと

決してなくならない二重派遣、偽装請負

派遣社員が直面しているのは、景気の低迷からもたらされる「派遣切り」の恐怖だけではありません。そもそも、日本全体が慢性的な人手不足の状況にあり、派遣で働く人の数が右肩上がりに増え続けていた時期から、派遣社員を取り巻く環境には大きなリスクの影が漂っていました。

その代表格が、「**二重派遣**」と「**偽装請負**」です。これらはマスコミでもしばしば話題になったので、聞いたことがある人も多いでしょう。派遣された派遣先の会社からさらに別の会社に向けて派遣されるのが二重派遣、派遣契約の実態にある仕事なのに形式だけ請負契約を交わしているのが偽装請負です（３章参照）。

二重派遣というのは、行き先がわからず、派遣先を転々とする日雇派遣のことを指して

いわれることが多いのですが、もちろん、それだけではありません。

たとえば、いろいろな会社に所属する人が混在する派遣先で、職場の指示に従って部署を変更したところ、次第に自分がどこに所属しているのかがわからなくなり、気がついたらまったく別の会社で勤務することになっていたという例なども、二重派遣になります。

これらは、ＩＴ系の派遣でしばしば見られるケースです。

また、製造業の工場などで請負契約の労働者として働いているケースでは、かなりの確率で偽装請負のリスクがつきまといます。労働者が入社した会社以外から指示を受けて働くことが許されるのは唯一、派遣にのみ認められたことです。請負契約なのに所属する会社以外から指示を受けるのは違法であり、偽装請負ということになってしまいます。

自分が勤務する会社でこういった二重派遣や偽装請負が発覚すると、まず会社自体に行政の厳しい調査の手が入ることになります。それが悪質だと判断されてしまうと、会社が事業を続けることが困難になるケースもあります。結果として、会社に所属する労働者も生活の糧を失うことに直結してしまいかねないのです。

二重派遣や偽装請負は、それが違法であることがマスコミなどでも大きく報じられていますが、一向になくなる兆しがないというのが、企業社会の現実です。

むしろ、**「２００９年問題」**によって契約更新ができない派遣社員が大量に発生してしまうことで、これらの問題はいっそう拡大するおそれすらあります。

これからも派遣社員を続けたい人にとっては、「派遣切り」と同じくらいに心配していかなければならないのが、ますます深刻化する二重派遣や偽装請負の問題だといえるでしょう。

※「2009年問題」：製造業への派遣期間の上限である3年の契約期間の満了が、2009年に一斉に到来することにより、従来の派遣契約をそのまま続けることが許されなくなるため、製造派遣の現場での大混乱が予想される問題のこと

かなりハードルの高い正社員採用への道

派遣社員として働いている人でも、いずれ正社員になることを希望する人は多いものです。実際、最近のデータでも、非正規社員のうち6割以上の人が「正社員になりたい」と回答しています（「ワークシェアリングに関しての意識調査」モバイルリサーチ、2009年2月）。

それでも、正社員への道はなかなか険しいのが現実です。2007年のデータでは、日本には延べ人数で約380万人の派遣社員がいました。もちろん、世界的な不況の影響で「派遣切り」が本格化してからは減り続けていますが、それでもかなりの人数が派遣社員

●紹介予定派遣で職業紹介に至らなかった理由

（職業紹介に至らなかった労働者がいる事業所のみ）（複数回答３つ以内）

	一般		特定	
	所	%	所	%
該当事業所	266	100	7	100
派遣労働者の知識・技術が派遣先の要望と異なっていたため	81	30.5	1	14.3
派遣労働者の勤務状況に問題があったため	19	7.1	0	0
派遣先における人間関係に問題があったため	35	13.2	0	0
派遣先の事業計画の急な変更・中止等があったため	15	5.6	1	14.3
派遣労働者が派遣先で働くことを希望しなかったため	99	37.2	2	28.6
不明	134	50.4	5	71.4

厚生労働省 2005 年労働力需給制度についてのアンケート調査集計結果（派遣元調査）

として働いている現実があります。

派遣社員として働きながら、正社員への転身を目指すための制度としては、派遣先への就職の斡旋を前提として派遣を行なう紹介予定派遣があります。でも、紹介予定派遣を利用した人は約５万人、この制度を利用して実際に派遣先に就職した人は約３万人足らずです（「労働者派遣事業の事業報告の集計結果」２００７年）。

もちろん、正社員を目指す派遣社員のすべてが紹介予定派遣を活用するわけではありませんが、現実には派遣社員としてフルに働きながら本格的な転職活動を行なうのは至難の業です。紹介予定派遣に限らないにせよ、派遣社員として勤めている職場や職種との何らかの関わりの中で、再就職先との縁を求めていくというパターンが実際には多いものです。正社員採用の試用期間や研修期間とは異なり、いうなれば出口の見えないトンネルに近い状況に置かれているのです。

いざ、働きながら正社員を目指そうにも、将来の展望どころか、1か月後どうなっているかわからないというのが、派遣社員を取り巻く厳しい現実だといえます。そんな環境の中で、数十人、数百人に1人の狭き門である正社員採用のハードルを突破できるだけの経験や知識、スキルを身につけるのは、かなり険しい道のりであることに変わりはありません。

本編でも触れますが、派遣社員を使う会社には**直接雇用義務**というものがあります。一定期間以上、同じ派遣先で働いた派遣社員が派遣先への就職を希望した場合、派遣先は雇入れの申込みをしなければならないというのが、それです。

しかし、この制度は現実には十分に機能しているとはいえません。その上、運良く派遣先に転職できたとしても、ほとんどの場合は期間雇用であり、正社員ではありません。現実には、派遣社員よりも低賃金になってしまうなどの弊害もたくさん指摘されているのです。

派遣元、派遣先の事情に翻弄される派遣社員

派遣社員というのは、とても柔軟性が求められる働き方です。人手不足の時代なら、ひとたび派遣会社に登録すると毎日のように携帯に連絡が入り、新しい仕事への誘いの声がかかります。すでに派遣先で働いていても関係なく紹介があり、複数の派遣会社の間で人材の取り合いになることも、しばしばです。こんなときは、一時的に引っ張りだこ状態になることもありますが、自分のペースでじっくりとキャリアを磨いていきたいという人にとっては、迷惑な話に違いありません。

ところが不況になると、一転して「派遣切り」の嵐が吹き荒れ、ほとんど心の準備もなく職場が奪われてしまいます。それぞれの派遣社員の人のスキルや貢献度がまったく判断されないわけではないにせよ、多くの場合はただ派遣社員というポジションゆえに仕事を失ってしまうことになります。景気の動向次第で、一瞬にして生活の糧を失ってしまうような働き方では、自分なりの将来設計をすることができません。

派遣社員が前向きに活躍できるかどうかは、ひとえに派遣会社を取り巻く環境いかんにかかっているといっても、いいすぎではありません。

それは派遣先との関係においても、まったく同じです。勤務先が繁忙期で人手が足りな

いときには連日連夜の残業で、同じ職場の誰よりも苛酷な勤務を強いられることもしばしばです。それが、ひとたび業務が減少に転じると瞬く間に残業がなくなり、やがては契約解除の影がちらつくことになります。

派遣社員は派遣会社の就業規則のもとに就業するのが原則ですが、現実的には派遣先の業務状況やシフト表などにしたがって勤務することになります。派遣会社に勤務する存在でありながら、刻々と変わる派遣先の状況に翻弄され、極端な場合は明日の仕事がどうなるのかすら不明瞭なこともあります。

また、派遣社員は派遣契約で決められた業務に従事する必要があり、ＯＡ機器操作や財務処理などの専門業務（**専門26業務**という、90ページ参照）の場合、基本的には全体の１割を超えて他の業務を行なってはなりません。一定の専門知識やスキルを活かして、即戦力として専門分野で能力を発揮することが、専門26業務の趣旨だからです。

しかし現実には、専門26業務でも雑用やまったく専門性のない業務を依頼され、相当の時間を費やすことも少なくありません。専門業務が１００％とはいかないにせよ、専門業務を行なうために派遣されたことが形骸化してしまっては意味がありません。このように派遣先の事情に翻弄されてしまっている派遣社員は、意外と多いものです。

そして、誰も派遣社員にはならなくなるのか？

私たちは、日雇派遣で働く人が「ネットカフェ難民」化する社会問題の悲惨さに加えて、フルタイムで働く派遣社員も、不況が到来すると真っ先に「派遣切り」されるという現実に直面しました。そして、今も多くの派遣社員は、日常的には二重派遣や偽装請負のリスクと隣り合わせにあり、刻々と変化する派遣元や派遣先の事情に翻弄される毎日を送っています。心機一転、正社員採用を目指そうにも、道のりは決して平坦ではなく、生半可な努力では転身を勝ち取ることはできません。

今はまさに派遣社員にとっては、冬の時代だということができます。こんな派遣社員の現状を見ていると、もはや派遣という働き方に未来はないようにも思えてきます。わずか数年前には、派遣社員の自由で奔放な働き方が注目され、テレビの人気ドラマのテーマとしても脚光を浴びていたのが、嘘のようです。この変化のすべてを不景気のせいにするのは、いささか無理があるといえるでしょう。

派遣社員を取り巻く問題が深刻化するのを受けて、日雇派遣については廃止される見通しとなり、製造業への派遣についても見直しの声が高まっています。派遣法の大幅な改正も含めて、今後、派遣をめぐるルールはかなり変化していくことが予想されます。これからの新しい流れについても、注目していく必要があります。

これだけ派遣で働くことのデメリットばかりが目立つ世の中になってしまうと、今から派遣で働くことを希望する人は誰もいなくなってしまうのではないか、という心配の声も聞こえてきます。もちろん、ここ当面は新たに派遣社員を選択する人が少なくなることは、やむを得ない状況ではあるでしょう。

しかし、ここで冷静に考えたいのは、そもそも**派遣という働き方には、それ自体に大きな強みがあり、メリットがある**ということです。だからこそ、今まで広く社会に受け入れられ、あらゆる業種や職種に浸透してきたのです。時代の流れに応じてルールを見直していくことは大切ですが、それはそもそもの存在意義を損なうことではないはずです。

必要性とメリットだけでなく、それに伴うリスクやデメリットをしっかりと自覚した上で向き合っていくならば、これからも、「派遣で働くことを希望する人がいなくなる」ということは決してないと思います。

派遣という働き方に疑問が投げかけられた時代に必要なことは、**派遣社員として働くために必要なリスク管理をしっかりと行ない、その上で自分自身にとって上手な働き方とは何なのかをしっかりと見極めること**ではないでしょうか。

1章

私はこんな派遣社員を経験してきました

1

想像もしていなかった派遣社員という選択肢

どうしても自分を活かす道がみつからなかった正社員時代

あなたは、学校を卒業した後、すぐに就職が決まりましたか？

あるいは、自分なりに満足のいく会社に就職できましたか？

今の20代～30代で、「はい」と答えられた人は、幸せな人だと思います。

新たに社会に門出するのに、順調なスタートを切るに越したことはありません。ただ、現実は「そんなに甘くない」というのが、今の社会の現状です。それなりの大学で学んでも就職先を探すのは難しく、自分の進みたい道があっても、相当に妥協しなければ就職先は見つかりません。めでたく会社に入社した後も、自分のやりたいことと仕事とのギャップに苦しみ、職場での人間関係に苦しみ、とても満足のいく社会人生活とは程遠い現実が立ちはだかる。これが、多くの若者が直面している現実でしょう。

私の社会人としてのスタートも、まさに暗黒に近いものでした。大学の経済学部を卒業後、他大学で歴史を専攻するという好き勝手な学生生活を送ったツケは軽くはなく、すんなりと就職先が決まるはずもありません。当然のように、面接を受けても受けても、結果は不採用。絶望に沈むさなか、結局、人事担当者に何度も電話で自己PRした熱意（?）が認められて、学習教材で有名な教育関連の会社に、なんとか就職が決まりました。

強引な私を採用してくれた会社には悪いですが、この会社はいわゆる体育会系のノリで訪問販売を得意とする営業会社で、新卒社員は1年足らずで総入れ替えといわれるほどの厳しい環境。他人とコミュニケーションを取ること自体が苦手だった当事の私に務まるシロモノではありません。奮闘むなしく3か月で玉砕、あまりに短いフレッシュマンでした。

その後、さらに就職活動に苦しみつつ、医療機器関係の会社に転職。前の会社とは打って変わって家族的な雰囲気の小さな会社でした。ただ、早過ぎる転職組である私を見る周りの眼はかなり冷ややかで、このまま勤めても将来があるのかと疑心暗鬼になってきます。徐々に職場から孤立していき、1年を待たずにまた転々とする身になりました。

大学を出たばかりの人間が、すぐに社会で認められるほど、世の中は甘くはありませんが、それでも自分を活かせる道があるはずだと信じ、それを必死に見出そうともがきました。でも、行くところ、行くところ、素顔の私と心を開いては向き合ってくれない——これが、私が抱いた本音です。「こんなはずじゃなかったのに」と思いつつ、気づいたら転職を繰り返していました。このままでは、人生は転落あるのみです。

2

想像もしていなかった派遣社員という選択肢

もう駄目かと思ったときにあらわれた派遣社員という働き方

医療機器の会社を退職した後も、今度は建設会社やサービス業などで事務系の職種に就きましたが、やはり結果は変わりません。転職先が見つかるうちはまだいいのですが、そうこうしているうちに、就職先自体がなくなっていきます。こうなると、負のスパイラルです。時を刻み、日を重ねるごとに、次への望みがなくなっていきます。

そんな私に、「考え方が甘い」「我慢が足らない」と厳しい言葉が襲いかかります。でも、転職を何回か繰り返している人なら、理解してくれるでしょう。真剣に仕事と向き合いたい、自分を活かしたいと思うからこそ、転職を重ねるのだということを。決して、怠け心や贅沢な望みで、選り好みをしているのではないのです。

転職を重ねて、もう正社員では就職が難しい状態に追い詰められた私にとって、選択肢は大きく二つしかありませんでした。アルバイトをしてフリーターになるか、はたまた手に職をつけて独立開業するか。漠然とフリーターを続けるような生き方では、ますます将

●派遣を選んだ理由

（複数回答可：日本人材派遣協会「派遣スタッフ Web アンケート 1 万人調査」）
2007 年 12 月

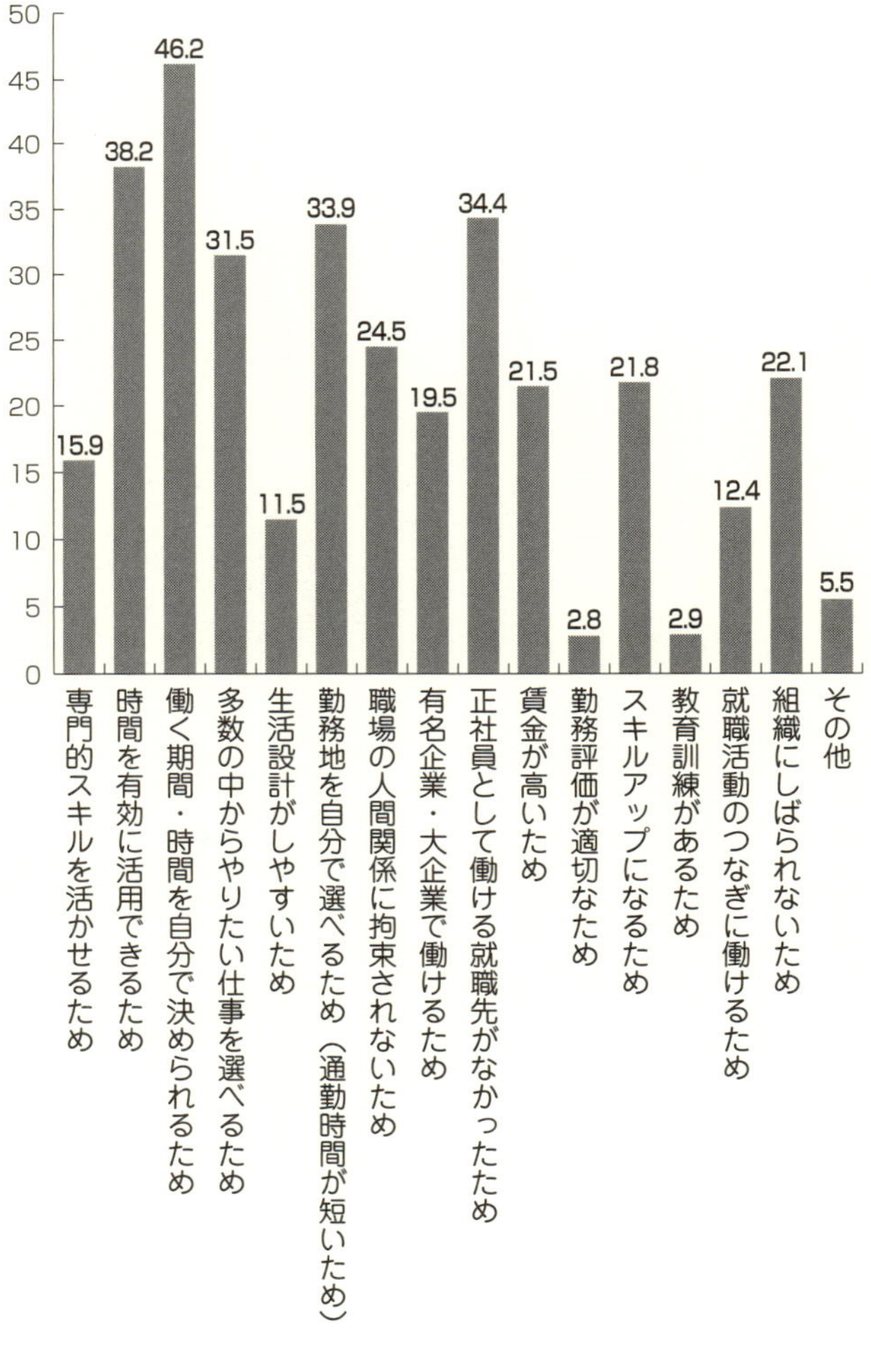

来が苦しくなることはわかっていましたが、かといって独立を目指すといっても、まずは経験を積んだり、資格を取らなければなりません。

早く社会に出て、認められて、力を発揮したい。いくらそう思っても、目の前に立ちはだかるのは、十分な習熟機会を与えてくれず、過酷なノルマを背負わせ、熾烈な長時間労働を強いる企業社会の厳しい現実。自分を見失わないことには自信のある私でも、ときおり幻滅しそうになります。もう、駄目なのか……。

そんな中、私を救ってくれたのが、派遣社員という働き方です。当時は、派遣といえば女性で事務系というイメージが濃厚で、それなりに抵抗もありましたが、思い切って派遣社員として働くことを決意します。すると、見事に私が求める働き方に合っていたのです。

派遣社員としては、自動車メーカー関連での購買管理、銀行の事務処理センターでの新規システム導入の業務を経験しました。いずれも、まったく未経験の中で飛び込んだ職場でしたが、周りの同僚や上司たちの協力も得られ、素直に仕事に向き合うことができました。社会人になって数年目にして初めて、満足できる職場に出会ったのです。

今では、派遣制度の問題点が大きく取り上げられ、派遣社員としての働き方にも陰りが出てきたといわれますが、**派遣社員という選択肢がなければ、社会人としてのスタートに失敗した私は、間違いなくますます駄目になっていたでしょう。**

3

自分を見つめ、自分を磨くなら正社員より派遣社員

派遣社員は、しっかりと自分と向き合うことができる働き方

今までどんな会社に転職しても自分の居場所をつくることができなかった若者が、派遣社員に転身したとたんに生気を呼び戻す——本当に、そんなことがあるのでしょうか。

私が最初に派遣社員を経験した自動車メーカー関連会社は、典型的な町の自動車工場です。もともと、工場勤務という世界に接点は何もありません。未知の業界への転身に不安も大きかったのですが、購買管理という職種に興味を持っての挑戦でした。そこで私が目にしたのは、周りの人がすべて対等の立場で接してくれるというカルチャーです。

毎朝の朝礼では、正社員の人と同じように週に一度は進行役を務め、自分の担当の仕事については、入社当日から対等な一員として自分のペースで向き合うことが許されました。誰も、新入りの私の存在に疑問や懐疑の眼差しを向ける人はいません。社会に出てから職を転々として自信を失いかけていた私、なおかつ自動車製造はおろか工場勤務の経験自体が皆無の私でしたが、徐々に自信を取り戻すきっかけをつかみました。

私が担当した購買管理の仕事は、正社員の先輩の下で引き継ぎを受けながら進められましたが、私の経験のなさ、知識のなさ、そして社内に人間関係がないことは、まったく問題にされることはありません。とにかく、信頼できる派遣会社を通じてきた人間ということで、私のことをほとんど無条件に信頼してくれた。このことは何よりの喜びでした。

なぜ、正社員ではうまくいかなかったのか。私なりに考えてみると、正社員の場合は、終身雇用とはいわないまでも、相当の長期間にわたって仕事上の関係を続けることを前提としているため、会社側も働く側も、お互いに値踏みをしてしまい、必要以上に警戒してしまう傾向があるのです。「本当にこの会社で大丈夫だろうか」あるいは「この人間で大丈夫だろうか」と考え過ぎて、お互いになかなか心を開くことができません。

派遣社員なら、そのような警戒心はいっさい無用です。もともと、**仕事内容や契約期間について、特定された合意が成立しているので、よけいなことを考えることなく、目の前の仕事に集中できます**。リハーサルなしの状態で本番の仕事に挑まなければなりませんが、その分、しっかりと自分自身と向き合うことができる働き方だといえるでしょう。

「やり方は任せますから、小岩さんの好きな方法でやってもらえばいいですよ」

職場の先輩から、毎日のようにこういわれていたのを今でも覚えています。即戦力として、すぐに自分のカラーを出せる働き方。まさに私が渇望していたものでした。

4 自分を見つめ、自分を磨くなら正社員より派遣社員
派遣社員なら、間違いなくフリーランス感覚が身につく

派遣社員として二つめの仕事は、銀行が新規システムを導入するにあたっての登録データの移行作業と現場でのサポート業務でした。この仕事は、基本的なデータの処理を事務処理センターの本部で行なった後、各支店に出向いてサポートを行なう形で進められ、約1年で延べ数十店舗を駆け巡りました。

形としてはもちろん派遣会社に所属する派遣社員ですが、店舗に出向いて業務を行なうときは直行直帰の勤務なので、現場での仕事の段取りや時間管理などに関しては、ほぼ自由裁量に近いものがありました。支店での毎日の作業については、実際には誰の指示も受けず、携帯からの報告とFAXによる日報の提出が唯一の会社との接点でした。

仕事を続けるうちに、同じ派遣社員の中では先輩格となり、次第に後輩たちに仕事を教える立場に変わっていきます。そして、最終的には、グループリーダー的な存在として、後輩たちのスケジュールの設定や業務の進捗管理、新たな仲間への教育を担当する立場を

担うことになりました。明確な役職こそありませんでしたが、社会に出て初めて事実上の部下を持つことになったわけです。

正社員としては、とかく周りと比較されたり、何かと干渉されたり、自重を求められる苦い体験をした私にとって、派遣社員となって自由に仕事を任されるようになってからは、モチベーションが上がる一方でした。そんな私の姿を見て、会社も評価してくれ、さらに働きやすい環境になっていく。初めて訪れた好循環です。

派遣社員の働き方は、自由がある一方で、とても厳しいものでもあります。即戦力というプレッシャーの中で職場に迎えられ、仕事も手取り足取り教えてはもらえず、何よりも、いつまで同じ職場で働くことができるのかという不安の中で、毎日の仕事に向き合うことになります。人によっては、こんなに不安で負担の多い働き方はないともいえるでしょう。

でも、そんな中で確実に得られるもの、それが**フリーランス感覚**です。自分の仕事内容や契約期間は自分で決め、身ひとつで派遣先に乗り込み、自分のペースを大切にしながら毎日の仕事に従事する。**会社に雇われた身でありながら、自己決定、自己責任というポリシーを強く打ち出し、あたかもフリーランスのような感覚を持って、毎日の仕事に挑む。**

これは間違いなく、長期雇用を前提としている正社員にはない感覚です。

5

派遣社員から独立開業へのステップ

実務経験や資格よりも大切なもの

思い切って派遣社員を体験することで、それまでの苦悩から開放された私ですが、もちろん、そのままずっと派遣社員を続けていきたいと思っていたわけではありません。私の場合、長期的な目標ははっきりしていました。**何らかの専門性を身につけて、独立開業することです**。いかに派遣社員の働き方が自分に合っていたといっても、ずっとそれに安住するつもりはなかったのです。

派遣社員の経験を踏み台として次のステップを目指す場合、割り切って時給の高い仕事を選んだり、定時で帰れる職場を希望して、とにかく効率のよい働き方を志向しがちです。あるいは、自分が目指す業界がはっきりしている場合は、まず実務経験を積むことを目的として、派遣社員の道を選択することもあるでしょう。

しかし、現実には、実務経験や資格取得よりも、もっと大切なものがあります。それは、**派遣先での人間模様や組織を取り巻く環境、生きた現場感覚をしっかりと吸収し、自分の**

成長の肥やしにしていくことです。

私の場合、派遣社員時代に得られたものは純粋な実務経験以上に、むしろ業界独自の価値観や人間模様、組織模様に直に接することができたという経験です。

たとえば、自動車製造の会社では、自分が担当する購買管理の業務以外の仕事にも積極的に興味を持ち、先輩がメーカーに打ち合わせや納品に行く機会には積極的に同行を望んで、関連知識を得ることを求めました。また、派遣社員でありながら、社内の行事や親睦会には積極的に顔を出し、直属の先輩には毎日夜遅くまで自発的に指導を仰ぎ、仕事のこと、会社のことについて、さまざまな話をお聞きしました。

銀行関連でも要領はまったく同じで、時給が上がるわけでもないのに、現場での取りまとめ役に名乗りを挙げたり、後輩の派遣社員の教育係をやったりしました。そうすることで、部外者では立ち入れないような部署にも出入りし、さまざまな現場の仕組みに直に触れることができたのです。

もちろん、これらは、直接業務に関わる部分もありますが、本音ではいろいろな業界の仕組みや人間模様を少しでも知っておきたかったという希望があったのです。**現場の空気を直に体験することに勝る経験はありません。**私が今、独立して仕事ができているのも、派遣社員時代の複数の業種経験がかなりプラスに作用しているからだと思っています。

6

派遣社員から独立開業へのステップ

やはり、制度の理解や法律知識も大切

派遣社員の道を選択することで、組織に頼らず自分のセンスを磨くフリーランス感覚を身につける。そして、さまざまな業界や会社の仕組みや人間模様に接することによって、自分の触覚を鍛え、貪欲に体験を増やしていく。そうすれば、あなたが目指す方向に向かって、間違いなく歩を進めていくことができるでしょう。

しかし、その前に知っておかなければならないのは、やはり**派遣という働き方の制度の理解、派遣社員を取り巻く法律知識**です。制度や法律というと、堅苦しい話だと思われがちですが、派遣社員とは、そもそも正社員でもパートでもない特殊な働き方です。基本的な知識を持たずに派遣の道に足を踏み入れるのは、間違いなくかなり危険です。

たとえば、あなたが来月からでも派遣社員として働くことを決意した場合、どんな派遣会社に登録したらいいのでしょうか。駅前に看板があるから、求人誌の広告で見たからというだけでは、後悔してしまうこともありえます。世の中には、法律などの最低限のルールや人としてのマナーさえも、守ってくれない派遣会社だってあるのです。

あるいは、派遣会社の担当者の面接を受けるときも、決していってはいけない言葉があります。正社員採用の面接での話し方と派遣社員の場合のそれとは、明らかに異なります。働くからには、しっかり自分の言葉を聞いて、受け止めてくれる会社と出会いたいものです。具体的にどう振る舞うかということは、制度や法律の知識といったバックグラウンドがなければ、なかなか実感できないところでしょう。

また、いざ派遣先で働く際も、派遣社員としてしっかりとした意識を持たなければ、ただいわれたことをこなすだけのお手伝いさん的な存在になってしまいます。それでは、パートやアルバイトと変わりません。派遣社員として、どこまで自己主張して、どこまで仕事に深入りしていくのか。もちろん現場の上司の考え方によるところもありますが、ただそれを待っていたのではとても次のステップに向けた働き方は期待できないでしょう。

私は、派遣社員になった当時、専門的な知識は皆無でしたが、それでも自分なりに制度や法律を勉強して、派遣会社と互角に話せる知識を得るように努力しました。そして、自分の要望や考えはすべてありのままに担当者に伝え、時に強い意志表示もしましたが、誤解されたり疎外されたりすることはいっさいなく、かえって信頼感が増していったような気がします。**大切なのは、適切な知識に裏打ちされたコミュニケーション**だと思います。

2章

なぜ派遣社員はトラブルに巻き込まれやすいのか？

1

派遣社員をめぐるトラブルは増える一方

どうしたらいいかわからないことが多い

派遣で働く人が増え、より多くの職場で派遣社員が活躍するようになるにしたがって、派遣社員を取り巻くトラブルも増加しています。実際に派遣社員の人の声を聞くと、多くの人がさまざまな悩みや苦しみを抱えています。その内容は人によってまちまちですが、多くのケースに共通するのは、「**どうしたらいいのかわからなくて、困っている**」ということです。

派遣を取り巻く環境が厳しさを増すにつれて、労働条件や職場の人間関係、これからの働き方などについて、深刻な不安や疑問を抱える人が急増していますが、現実には誰かに打ち明けたり、何か行動を起こそうとする前に、どうしたらいいかがわからなくて、立ち止まってしまう人が多いのです。

その理由のひとつは、**派遣社員が抱える問題を解決するための窓口が不明確**なことがあります。派遣元には派遣元責任者、派遣先には派遣先責任者が置かれており、派遣法では苦情処理の責任者をおくことが義務づけられていますが、実際には名目的な肩書となっているケースが多く、派遣社員の身近な相談窓口とは程遠い現実があります。

派遣元の責任に関わる分野は派遣元に、派遣先に関わることは派遣先に投げかける必要がありますが、現場で働く派遣社員がきっちりとこの区別を行なうのは、酷なことでもあります。苦情や相談を持ちかけると、それはうちの分野ではないという話になり、たらいまわしにあってしまうことがしばしばあるのです。

また、これだけ派遣で働く人が増え、ほとんどの会社が何らかの形で派遣社員を迎える時代になったにもかかわらず、派遣社員のキャリア開発について真剣に考える会社が少ないことも、派遣社員が1人で悩みを抱えてしまう一因です。若年層を中心に、派遣で働くことで生計を立てる人は約380万人（2007年）にものぼるにもかかわらず、派遣社員を雇用する派遣元も、職場で活用する派遣先も、派遣社員の今後について真剣に考えようとする土壌はほとんどないのです。

その結果、派遣社員は大きな苦悩を抱えつつ孤立し、1人でギリギリまで耐え抜いた末に、大きな労使トラブルに発展してしまうことになります。今の時代に派遣で働く人は、**正しい知識や認識をしっかりと身につけ、派遣元や派遣先と冷静に向き合う方法を手にすることが**、何よりも大切だといえるでしょう。

2

派遣社員の働き方は、そもそも諸刃の刃

医師や弁護士になって高収入を得るためには、人並み以上の努力と資質が必要であり、事業家となって成功するためには、リスクと隣合せの投資が必要なように、世の中、何事にも正の側面と負の側面があります。一般的には、**プラスの要素が強ければ強いほど、それに対応するマイナスの要素も大きくなる**ものです。

派遣社員にも、それが当てはまります。一般的には、派遣社員になるためのハードルはそれほど高くはなく、必ずしも十分な経験や知識がなくても、意気込み次第で希望の職種に就くことができるものです。勤務地や時給、残業の有無についても、ある程度は自分の希望に沿って選択することができ、働きたい期間だけ限定的に勤務することも可能です。

このようなメリットに対する報いとして、派遣社員にも大きなデメリットがあります。その最たるものが「派遣切り」です。「派遣切り」にも、適法なものからグレーなものまでさまざまなケースがありますが、景気が低迷したり、会社の業績が悪化したとき、真っ

先に割を食ってしまうのが、派遣社員なのはいうまでもありません。熱意を持って懸命に仕事に向き合っている人が突然に職場を失ってしまうのは、もちろん残酷なことですが、派遣社員が働く仕組みとして考えたならば、ある程度はやむを得ない側面があるのです。

また、職場では純粋に自分に課せられた仕事だけに向き合っていれば誰からも文句をいわれることはなく、職場での面倒な上下関係や取引先との入り組んだ人間関係のストレスから距離を置いて勤務できることは、派遣社員の働き方のメリットだといえます。組織のチームプレーで仕事をするスタイルがまだまだ多い日本の会社の正社員では、なかなかこうはいきません。

しかし、その報いとして、派遣社員の立場で仕事をするかぎりは、職場の仲間から必要以上の情や身内意識を持たれることはなく、これからのキャリアについて積極的に考えてもらえることはありません。これは何も派遣先にかぎったことではなく、多くの派遣元でも同じようなことがいえます。派遣で働くかぎりは、文字通り職場でひとり孤軍奮闘することが求められるのです。

このように、**派遣社員の働き方とは、そもそも諸刃の刃**であることを知っておくことが大切です。その上で、プラス面をより高め、マイナス面を少しでも軽減させるための努力を払うことが、トラブルを回避する、あるいは解決するためのポイントになります。

3 派遣社員のトラブルの三つのパターン

❶「派遣元」労使トラブル型

派遣社員をめぐるトラブルには、大きく三つのパターンがあります。今、自分が抱えている問題がこのいずれに当たるのかを知っておくことは、その後の問題解決をはかる上で大切です。

ひとつめの「派遣元」労使トラブル型は、ひと言でいえば、**派遣元との雇用関係をめぐるトラブル**です。派遣社員といえども、派遣元との関係においては一般的な労働者と何ら変わりはありませんから、労働者としての権利が脅かされている場合や労働条件について不満がある場合は、派遣元との間で解決をはかることになります。

具体的には、次のようなものがこれに当たります。これらについては、派遣先を相手に解決を求めるのはナンセンスということになります。

・雇入通知書や就業条件明示書がもらえない

・面接のときに聞いた条件と実際の給料が異なる
・労働保険や社会保険に加入させてもらっていない
・労働時間や勤務表（シフト）について疑問がある
・タイムカードの内容や管理について疑問がある
・残業や休日出勤をしたのに割増賃金がもらえない
・希望しても有給休暇を取ることができない
・労働契約や就業規則の内容について疑問がある
・雇入時や年1回の定期健康診断が実施されていない
・雇入時や作業変更時の安全衛生教育が実施されていない
・解雇や退職勧奨について疑問がある

「派遣元」労使トラブル型を解決する上でのポイントは、とにかく**労働基準法や労働者派遣法などの基本ルールを理解して、自分と会社との関係、自分が主張すべき権利を明確にすること**です。雇用関係が原因となるトラブルでは、何よりも正しい根拠をもって主張することが大切です。そのためには、雇入通知書や就業条件明示書、就業規則などの内容をしっかりと確認しておくことが必要です。

❷「派遣先」現場トラブル型

ひとつめの「派遣元」労使トラブル型が雇用関係をめぐるトラブルだったのに対して、「派遣先」現場トラブル型は**実際に仕事をする派遣先で起こるトラブル**です。危険な作業に従事することに伴う悪影響や職場での人間関係をめぐるストレスなど、仕事中に実際に派遣社員の身にふりかかるような出来事が、このタイプになります。

派遣社員が仕事上で何か不利益を被った場合の会社側の責任は、基本的には雇用主である派遣元が負うのが原則です。

しかし、派遣社員が実際に勤務するのは派遣先であるため、派遣元は派遣社員が派遣先で行なう仕事の状況をすべて把握することはできません。

そこで派遣法では、**派遣社員が派遣先で仕事をする上での責任で、派遣元に責任を問うことが難しい内容については、特に派遣先が責任を負う**ことになっています。

具体的に次のようなトラブルは、派遣先との間で問題解決をはかる必要があります。

・職場で仕事をするための指示を与えてくれない
・職場の上司の指示内容に誤りがあったり、適切でない
・作業をする上で知っておくべき危険を教えてくれない
・会社が施すべき安全衛生上の措置を講じていない
・職場に必要な安全管理者や作業主任者が置かれていない
・派遣契約に定められた仕事以外を過剰に指示してくる
・有害業務に従事するのに健康診断が実施されない
・作業内容変更時や危険有害業務の安全衛生教育が実施されない
・必要な育児時間や生理休暇が取らせてもらえない
・年少者の労働時間や休日の規制が守られていない
・職場でパワハラやセクハラが発生しても何ら対処してくれない

「派遣先」現場トラブル型の特徴は、最終的には派遣先との間で解決をはかるべき問題ではあるものの、状況に応じて派遣元も巻き込んで話をしていく必要があることです。この場合のポイントは、**職場での自然な人間関係の中で解決に向けて努力していくこと**。派遣先とのトラブルでは、やみくもに権利を主張すると裏目に出てしまうケースもあります。

●派遣元と派遣先の責任

【 労働基準法 】

派遣元が責任を負う事項	派遣先が責任を負う事項
・男女同一賃金の原則	
	・公民権の保障
・労働契約	
・賃金	
・変形労働時間制	・労働時間・休憩・休日
・事業場外労働	
・専門業務型裁量労働制	
・時間外・休日・深夜の割増賃金	
・年次有給休暇	
・最低年齢	
・年少者の証明書	
	・危険有害業務の就業制限
	・坑内労働の禁止
・産前産後の休業	
	・育児時間
	・生理日の就業が著しく困難な女性に対する措置
・職業訓練に関する特例	
・災害補償	
・就業規則	
・寄宿舎	
・労働者名簿	
・賃金台帳	

【 労働安全衛生法 】

派遣元が責任を負う事項	派遣先が責任を負う事項
	・安全管理者等の選任
	・安全委員会
	・労働者の危険または健康障害を防止するための措置
	・定期自主検査
	・化学物質の有害性の調査
・雇入れ時教育	・危険有害業務就業時教育
	・職長教育
	・就業制限
	・作業環境を維持管理するよう努める義務
	・作業環境測定
	・作業の管理
・一般健康診断	・特殊健康診断
・医師等による保健指導	
	・安全衛生改善教育
	・機械等の設置・移転の届出・審査

5

派遣社員のトラブルの三つのパターン

③「コンプライアンス」遵守困難型

三つめは、「コンプライアンス」遵守困難型です。これは、派遣社員と派遣元、あるいは派遣先と派遣社員との関係で単独でトラブルが起こるというよりは、**派遣元も派遣先も双方が守るべきコンプライアンスに違反することで、派遣社員がトラブルに巻き込まれるパターン**です。

※「コンプライアンス」：企業が法律や規則などのごく基本的なルールを厳格に守って活動を行なうこと

具体的には、製造業に典型的な偽装請負、違法な業務に対する派遣、雇用主としての責任が曖昧となる日雇派遣や二重派遣などが、これにあたります。いずれも、派遣元と派遣先の双方がコンプライアンスを遵守しなければならないところを、そのいずれか、あるいは双方の意識が低いことによって、違法な状態が起こってしまうところに特徴があります。

派遣元が守るべき雇用主としての責任も、派遣先の責任となる指揮命令や安全衛生面のルールについても、コンプライアンスには違いありませんが、派遣元と派遣先が共通の課題として守るべきモラルを含むという点が、前の二つのパターンとは異なります。

偽装請負や二重派遣などのコンプライアンス違反は、多くの場合、派遣元と派遣先の双方のモラルが低く、法令遵守よりも目先の利益や効率を優先することで生じます。偽装請負を例にすると、本来は派遣契約によって業務を処理すべきところ、派遣が許される期間を超えていたり、派遣契約を締結できない事情が存在する場合に、派遣元と派遣先の双方の意思が一致をみることで、実態の伴わない形式だけの請負契約が結ばれるのです。

このようなコンプライアンス違反によって割りを食うのは、その職場で働く派遣（請負）社員であり、派遣元や派遣先の実態に違法性が高く悪質だと判断されると、場合によっては職を失ってしまうケースも考えられます。その意味では、派遣元とのトラブル、派遣先とのトラブル以上に深刻な問題に発展してしまうこともあるのです。

このパターンの場合は、派遣社員が普段どおりに職場で仕事をしているかぎりはトラブルの存在に気づかず、あるとき突然に不利益がふりかかってくるところに特徴があります。その意味では、派遣で働く人にとっては、**派遣や請負についての最低限の法律知識を身につけた上で、自分が働いている会社が今どんな現状にあるのかを常に問題意識をもって見つめることが大切**だといえます。ほんの少しだけまわりに対する目線を鍛えるだけで、このパターンのトラブルの不利益からは逃れることができるものです。

6

トラブルに勇敢に立ち向かうためのマインド

まずは、自分の意見の根拠をはっきりさせよう

派遣社員として働く中でトラブルに巻き込まれたならば、毅然とした態度でそれをはねのけることが大切です。問題を自分一人で抱え込んでしまったり、曖昧な姿勢で解決を先送りするのは、得策ではありません。自分が仕事をするための環境は、自分自身で努力して改善していくのが基本です。

そうはいっても、やはり自己主張したり、まわりに波風を立てることが、マイナスの結果を生んでしまうこともあります。よりよく働こうとアクションを起こしたことで職場に不協和音を生み、かえって業務に支障が出てしまっては、何の意味もありません。

トラブルに勇敢に立ち向かう上で最も大切なのは、自分の意見の根拠をはっきりさせることです。たとえば、派遣先での仕事内容に疑問があるとき、残業の指示に納得がいかないとき、派遣契約の更新が拒絶されて困っているとき、有給休暇の取得について会社とトラブルになったときなどは、自分が主張するための根拠をしっかりと持つことが必要です。

ある製造工場で派遣社員として働いているSさんは、毎日のように続く残業時間の多さに不満を持っていました。しかも、給与明細を見てみると、残業手当がついているときと、ついていないときがあります。これはあまりにもひどいと憤りを感じたSさんは、同じ派遣社員の友人とも相談して派遣元に強く掛け合うことを決意し、すべての残業代を支払うことを求めて、行政機関に訴え出ました。

しかし結論からいえば、Sさんの主張は一部しか通りませんでした。信じられないかもしれませんが、会社側の主張のほうがおおむね正当だったのです。残業代を払っていないのに、なぜ会社の言い分が正しいなんていうことが起こるのでしょうか。

実はこの会社では、**変形労働時間制**（64ページ参照）と**定額残業制の制度**を導入していました。ある期間を平均して労働時間が守られればよいという変形労働時間制なので、1日10時間働いても残業がつかない日もありますし、一定の残業代を前もって定額で支給しているという定額残業制なので、当然その分を残業代としてはもらうことはできません。

会社側にも制度をしっかり周知させていなかった手落ちはありますが、Sさんの主張は部分的にしか通らず、とっても肩身の狭い思いをしました。**自分の主張を展開する前に、しっかりとした根拠を確認しておくことの重要性**が理解できるでしょう。

7

トラブルに勇敢に立ち向かうためのマインド

主張が通っても、自分が傷ついたら意味がない

トラブルに勇敢に立ち向かうためのもうひとつのポイントは、自分の主張を展開する前に、問題解決の落とし所をしっかりと意識しておくことです。要は、**最終的に自分がどうしたいのか、何を求めているのかをあらかじめ明確にしておく**ということです。この点が曖昧なままに会社と対峙してしまうと、のちのち思わぬ展開になりかねません。

派遣元や派遣先とのトラブルに巻き込まれると、ついつい感情的になって相手方を批判してしまいがちです。もちろん、派遣社員として自分が不利益を被っていたならば、その原因をつくっている会社側に強く意見をぶつけることも、ときには必要です。問題なのは、その結果どうなるのかを念頭に置かずに目先の感情で動いてしまうことです。

たとえば、あなたが派遣先の上司からのパワハラにずっと悩んでいて、仕事が手につかないほどに思い詰めてしまっているとします。健全な職場になるように派遣先や派遣元に強く働きかけるのはいうまでもないことですが、このとき、あなたが「**最終的にどうした**

いのか」という意思をはっきりと持っておかないと、必ずしも自分が願う方向に事態が好転するとは限りません。

派遣元は、派遣先で起こっている問題にそれ相応に対応しようとするでしょうが、もしかしたらあなたと派遣先の上司の相性がよくないという判断をして、次の契約更新時には別の派遣先に移るように求めるかもしれません。もちろん、あなたはそれを拒むことにできますが、派遣元と派遣先との間でそういった方向のやりとりがされていたならば、いっそう居心地が悪くなってしまいます。

また、派遣法で決められている**抵触日**（それ以降は派遣を続けることができない日）が近づいたため、派遣先に直接雇用されることを希望する場合でも、とにかく今のまま派遣社員を続けることが嫌で、どんな雇用形態であっても派遣先に移りたいという感情が強すぎると、足元をすくわれてしまうことになります。

派遣先にもさまざまな思惑があり、今まで以上の劣悪な条件で数か月間だけ期間雇用されてしまい、その後は契約更新されずに行き場を失ってしまうケースもあります。こんなことなら、まだ派遣社員を続けていたほうがよかったという声もたくさん出ているのです。

自分がどうなることを望んでいて、何が落とし所になるのかを前もって明確に意思表示しておかないと、問題解決どころかかえって自分が傷ついてしまうことになるのです。

3章

派遣社員が最低限知っておくべき法律知識

1 会社で働く上での最低限のルールを知ろう —— 労働基準法

❶「雇入れ」

インターネットで転職先を探していたら、とても感じのいい派遣会社のホームページにたどり着いたので、ぜひ面接を受けてみたい。そう思って、申し込みフォームに入力して、送信ボタンをクリックしました。すぐさま、受付完了の返信メールがあり、翌日、面接の期日の連絡があります。気合を入れて、なんとか無事に当日の面接を乗り切り、結果は即採用。翌週から希望の派遣先で勤務することが決まりました。めでたし、めでたし、といきたいところですが、ちょっと、腑に落ちないところもあります。

ホームページに書かれていた仕事内容や待遇に納得して応募したけれども、本当にその条件で採用されたのだろうか。面接の時には何の説明もなく、初出社の日にも特に説明はありません。また、1週間以内に健康診断書や住民票を提出するようにいわれたけれども、いきなりこんな個人情報に関わる書類を出さなければならないのだろうか。いろいろと考えると、ちょっと不安になってきます。

雇入れについては、会社と従業員が労働契約を交わすことで成立します。労働契約はあくまで対等の立場で交わすべきですから、会社も従業員もお互いの条件に納得して合意した上で成り立ちます。契約自体は、「働いてください」「わかりました」という口頭での約束でも大丈夫ですが、それだけではトラブルの元となりますから、労働基準法で労働条件通知書を書面で明示することが、会社の義務となっています。

①契約期間、②就業場所、③業務内容、④始業終業時刻・休憩・休日・休暇、⑤残業の有無、⑥就業時転換、⑦賃金について、⑧退職については、必ず書面で明示してもらわなければなりません。昇給や賞与、退職金などの制度が定められている場合も、同じです。

労働条件通知書は、初出社して仕事に就く前に交付してもらうものですから、働いてみないと給与がわからないとか、仕事の内容がわからないということは、絶対にないはずです。そんな場合は、不安がらずに毅然とした態度で会社に申し出ましょう。

住民票や戸籍抄本は、門地や社会的身分が明らかにされる可能性がありますので、会社が入社時の提出書類として求めることは禁止されています。似たものに、住民票記載事項証明書があります。これは基本的に本人の情報しか記載されず、門地や社会的身分には関わらないので、提出に応じる必要があります。健康診断書についても、基本的な内容のものについては、求められれば提出しなければなりません。

●労働条件通知書に明示すべき事項

❶ 労働契約の期間

❷ 就業場所、従事する業務

❸ 始業・終業の時刻、所定労働時間を越える労働の有無、休憩時間、休日、休暇、交代制の場合の就業時転換について

❹ 賃金(退職手当と❼を除く)の決定、計算、支払の方法、賃金の締め切り、支払の時期

❺ 退職について(解雇の事由を含む)

❻ 退職手当が適用される労働者の範囲、退職手当の決定、計算、支払いの方法、支払い時期

❼ 臨時に支払われる賃金、賞与、最低賃金額について

❽ 労働者に負担させるべき食費、作業用品その他について

❾ 安全・衛生について

❿ 職業訓練について

⓫ 災害補償、業務外の傷病扶助について

⓬ 表彰、制裁について

⓭ 休職について

(労働基準法施行規則第5条)

❷「試用期間」

新入社員でも、入社1日目からベテラン社員と同じ心構えで勤務できればいうことはありませんが、実際には、先行きへの不安と焦りに包まれた毎日を送るのが、一般的です。これは、会社側もまったく同じです。新たに迎えた社員が、本当にうちの職場の一員としてなじんでくれるのか、当初の期待に応える仕事をしてくれるのか、途中で投げ出してしまうようなことはないのか、不安でならないというのが、現実です。

会社側から見て、こんな不安な状態を少しでも和らげようというのが、試用期間という制度です。**試用期間は、会社が、新たに入社した人が本採用するのにふさわしい人かどうかを見極める期間**です。この期間中に、**職務能力や勤務態度に問題があると認められた場合には、会社は本採用を拒否し、事実上の解雇を行なうことができます。**

その意味では、試用期間は会社側に有利な制度です。働く側としては、どんなケースだと本採用が拒否されるのか、会社の下した判断に不合理な点はないのか、ということをしっかりと意識して、入社後の試用期間を過ごす必要があります。

会社は、単に試用期間中の態度が悪いような気がするから、何となく期待していた能力が備わっていないみたいだから、という理由で、安易に本採用を拒否することは、もちろんできません。基本的には、**本採用拒否の理由は、就業規則に書かれている必要があるため、あらかじめ就業規則の内容をしっかりチェックしておくことが大切**でしょう。

本採用後でも、会社は正当な理由があれば従業員を解雇することはできます。ずっと勤め続けることを期待する従業員の権利を、会社が一方的に奪うわけですから、もちろん、相当の理由が必要です。具体的には、長期間の無断欠勤、仕事に差し障りのある心身状況、職場に明らかなダメージを与えるほど職務怠慢、重大な犯罪行為など、そのまま仕事を続けたならば明らかに職場に不利益な状況が訪れるという場合に限られます。

これと比べると、試用期間満了による本採用拒否は、会社側から見てハードルが低いものです。仕事上の能力や職場での勤務態度に問題があるといった場合でも、相応の理由があると認められれば、本採用拒否をされてしまう可能性はあるので、しっかりと職場でコミュニケーションをとっていくことが大切です。

なお、試用期間中でも、入社後14日を過ぎている場合は、会社は解雇予告を行なうか解雇予告手当を払う必要があります。この点は、しっかり確認しておきましょう。

会社で働く上での最低限のルールを知ろう —— 労働基準法

❸「労働時間」

あなたは、こんな疑問を持ったことはありませんか？

今までの派遣先では土曜日は完全にお休みだったけど、新しい派遣先は月に1回は土曜出勤があって、しかもその日は普通の時給しかもらえない。普通、土曜日に出勤したら、休日出勤になるんじゃないの。

今の職場は、9時から17時までの勤務で、お昼は1時間の休憩があるけど、たまに18時まで1時間残業しても、普通の時給がついているだけで、残業代はもらっていない。これも、おかしいんじゃないの。

こんな疑問は、すべて労働基準法を正しく理解することで、解決します。

労働基準法では、**1日8時間、1週40時間までしか働いてはいけない**というのが原則です（労働者が10人未満の商業や接客娯楽業などでは例外的に1週44時間まで認められる）。これを**法定労働時間**といいます。法定労働時間を超えて仕事をした場合は、**割増賃金**（残業代）がもらえることになります。

これとは別に、会社が決めた始業・終業の時刻のことを**所定労働時間**といいます。所定労働時間は、法定労働時間を超えることは許されませんが、その範囲内なら、もちろん何時間でもかまいません。9時から17時まで休憩1時間で7時間働くことが所定労働時間の場合は、18時まで働いても1日8時間を超えないので、残業代はもらえないのです。

労働時間の取り扱いの例外としては、**変形労働時間制**があります。変形労働時間制には、1年単位、1か月単位、1週間単位がありますが、基本的な考え方は同じです。1年単位の変形労働時間制を例に挙げると、ある1年間の年間カレンダーを作成して、年間の労働時間の合計を年間の週数で割って計算した1週間あたりの労働時間の平均が、40時間を超えなければよいという制度です。要は、**年間平均で一週間あたり40時間に収まれば法定労働時間をクリアする**というものです。この制度を使うには、会社と労働者代表の協定がいります。

この場合は、たとえ土曜出勤をしたとしても、その日が年間カレンダーの出勤日となっており、変形労働時間制の手続きがとられている以上は、休日出勤扱いにはなりません。専門職などでよく見られるフレックスタイム制（始業・終業の時刻が労働者の自由裁量に委ねられている制度）も、変形労働時間制の一種です。

●変形労働時間制の種類

1か月単位の変形労働時間制	1か月以内の一定期間を平均し、1週間の労働時間が40時間以下の範囲内で、特定の日や週に法定労働時間を超えて労働させることができる制度
1年単位の変形労働時間制	1年以内の一定期間を平均し、1週間の労働時間が40時間以下の範囲内で、1日及び1週間の法定労働時間を超えて労働させることができる制度
1週間単位の変形労働時間制	労使協定の届出により、1週間単位で毎日の労働時間を弾力的に定めることができる制度。労働者数30人未満の小売業・旅館・料理店・飲食店に導入可能
フレックスタイム制	一定期間の総労働時間を定めておき、その範囲内で労働者が各日の始業・終業の時刻を自主的に決定して働く制度

また、朝の清掃作業や終業後のミーティングなどは、会社が強制しているものである限り、労働時間になります。逆に、制服への着替えの時間や、定期の健康診断を受けている時間、自発的な勉強会などは労働時間には当たらないので、注意が必要です。

❹「割増賃金」

割増賃金とは、世間でいうところの残業代や休日出勤手当のことです。**残業をすると2割5分増、休日出勤すると3割5分増の手当**がもらえることはご存じでしょう。通常もらえる賃金を基本単価として割増して支給されることから、このように呼ばれています。

残業は、もちろん始業時刻前にも発生します。9時始業の会社で8時に出勤して会社から指示された業務処理にあたっている場合は、1時間の早出分の残業代がもらえます。ただし、単に通勤ラッシュを避けたいという理由で早朝から会社に出勤し、事務所内で待機していたり、私事にあたっているような場合は、割増賃金の対象にはなりません。

また、休日出勤手当の3割5分増は、あくまで法定休日に出勤した場合ですから、それ以外の所定休日に出勤しても対象にはなりません。日曜日が法定休日の会社で所定休日である土曜日に休日出勤しても、休日出勤手当はもらえず、通常の残業代がつきます。

残業は、1日8時間を超えると発生しますが、そうでなくても1週40時間を超えると残業扱いになります。日曜日が法定休日の会社で土曜出勤すると、休日出勤ではなく残業扱いになるのは、そのためです。ウィークデーで、1日8時間×5日＝40時間の枠をすべて使っているため、土曜日はそれからはみ出た時間という意味で、残業扱いとなるのです。

これ以外に、**深夜労働の割増賃金**があります。**22時から翌朝5時までの深夜の時間帯に労働した人には、2割5分増の手当**が支給されます。こちらは、法定労働時間を超えたという理由ではなく、身体に負担がかかる深夜の時間帯に仕事をしたことを理由に支給される手当なので、この時間帯に出勤していれば自動的にもらえます。

残業代や休日出勤手当と深夜労働の割増賃金とは性格の違うものですから、条件を満たせば両方もらうことができます。

たとえば、夜遅くまで残業していた日に22時を超えた場合には、残業代2割5分＋深夜労働2割5分＝5割の割増賃金が、会社の指示で日曜日の深夜に出勤した場合には、休日出勤3割5分＋深夜労働2割5分＝6割の割増賃金が支給されます。

派遣社員の人が複数の仕事を掛け持っているような場合でも、割増賃金の考え方はそのまま使います。派遣先A社で8時から17時まで（休憩1時間）8時間働き、その後、18時に派遣先B社に出勤した場合、B社で働いた給料は18時から2割5分増の残業代がつくことになります。これは、もちろん派遣会社が異なる場合でも同じです。

❺「休憩・休日」

うちの会社のお昼の休憩は、12時から12時45分の45分間。45分間の休憩では、せいぜい行きつけの喫茶店でランチを済ませるのが関の山。お隣の会社はお昼休憩が1時間あるみたいで、うらやましいな。せめてうちも1時間は欲しい——こんな声をときどき聞きます。

45分間のお昼休憩は、違法なのでしょうか？　もちろん、そんなことはありません。

労働基準法では、**労働時間が6時間を超える場合は少なくとも45分、8時間を超える場合は少なくとも1時間の休憩時間を与える**ことが会社に義務づけられています。

休憩時間を一括して与えるのか、分割して与えるのかは会社の自由ですので、お昼の休憩が45分でも、10時や15時に合計15分の中休みがあれば、もちろん1時間をクリアします。

また、8時間ちょうどの勤務形態の場合は、8時間を超えてはいないため、そもそも45分間の休憩時間でよいということになります。

逆に、8時間を超えて残業に入る場合でも、1日の勤務の休憩時間は1時間あれば基準を満たしますので、会社はそれ以上の休憩時間を新たに与える義務はありません。長時間の残業を行なうときは、このことを覚えておく必要があります。

休日は、自由に自分の好きな時間にあてることができるのは、いうまでもないことです。しかし、実際には会社の指示で研修に行く、社内行事などに参加する、後輩のための勉強会を開くなど、すべてが名実ともに完全な休みにならないケースもあります。こういった場合は、どんなケースが休日出勤になる、あるいはならないのでしょうか。

最大のポイントは、会社からの拘束の度合いです。「その日は忙しいので」といって、簡単に断ることができ、何のペナルティーもないのなら、そもそも業務とは認められません。逆に、その行事や会合に参加しなければ、明らかに通常の業務に支障が出てしまい、参加の有無が人事評価にも影響を及ぼすような場合は、休日出勤ということになります。

具体的には、仕事を行なう上で参加が義務づけられる研修、全員参加の会議や研修を伴う社員旅行などは、休日出勤の扱いとなります。また、社内行事や親睦会などは、一般的には休日出勤にはあたりませんが、会社の指示で幹事役を引き受けている人については、やはり休日出勤扱いすることが望ましいということになります。

逆に、スキルアップのための自発的な研修や任意の勉強会、会社が主催しても参加が強制されない親睦会などは、休日出勤扱いにはなりません。

❻「管理監督者」

「**名ばかり管理職**」という言葉をご存じでしょうか。某有名外食産業の訴訟問題で世間を騒がせたキーワードで、文字通り、**肩書や名称は管理職なのに、実態が伴わず、現実には会社から管理者に値するだけの権限や裁量が与えられていない人**のことをいいます。

労働基準法では、**一定の要件を満たす「管理監督者」には、時間外や休日の割増賃金を支払わなくてもよい**とされています。そのため、少しでも割増賃金を支払う対象となる労働者の範囲を狭めたいと考える会社は、十分な権限や裁量を与えられていない人たちを偽装的に管理職に当てはめようとします。これが、「名ばかり管理職」の問題です。

もちろん、管理職がそのまま「管理監督者」の扱いをされるわけではありません。労働基準法では、「管理監督者」とは、次の3点を満たす人のことをいいます。

①営業方針や人事の決定について、経営者と同格の権限を持つ
②労働時間を自分で決められる

③職責に見合った待遇がなされている

基本的には、これらのすべてに当てはまる必要があります。単に、課長や店長というだけでは、とても「管理監督者」とはいえないことがわかるでしょう。

「名ばかり管理職」にならないためには、新たに役職をもらったとき、それが「管理監督者」に当てはまるのかどうかを確認することが大切です。何となく、管理職であるような、ないようなという感覚を持ちながら働き続けることが、一番危険だといえるでしょう。

役職者になると、役職手当や管理職手当といった手当が支給されるのが一般的です。そして、これらの手当が残業や休日の割増賃金を含んでいるので、どれだけ残業や休日出勤しても、それ以外には割増賃金は払えないと主張する会社もたくさんあります。

役職手当などを固定の割増賃金として支給することは違法ではありません。ただ、その場合は、**あらかじめ就業規則などでそのことを定めた上で、何時間分の残業手当に当たるのかを決めておく必要があります**。ただ漠然と役職手当を払っているから、残業代はなしといった扱いは、もちろん許されません。

また、「管理監督者」と認められるためには、**割増賃金に相当する分を除いた基本的な給料の水準が、それ以外の一般の従業員よりもある程度は高い待遇を受けている必要があります**。この点も、心に留めておきたいものです。

❼「年次有給休暇」

派遣社員の人でも、もちろん正社員と同じように有給休暇を取ることができます。**有給休暇が発生する要件は、入社後6か月間継続して勤務し、出勤率が8割以上あること**です。そうすると、10日の有給休暇が発生します。有給休暇の日数は、翌年以降も同じ要件を満たすと加算されていき、6年6か月で上限の20日が与えられます。翌年まで持ち越しが可能なので、最大で40日の有給休暇を手にできることになります。

週に数日だけ働くとか、1日の労働時間が短いという働き方をしている場合は、**日数や時間数に応じた有給休暇が発生する**ことになります。これを**比例付与**といい、労働基準法で表が示されています。たまに「フルタイムでない人には、有給は発生しない」という人がいますが、たとえ週1日勤務でも有給休暇は発生しますので、まったくの誤りです。

フルタイムでない働き方をしている人に覚えてほしいのは、「**5日**」と「**30時間**」のキーワードです。週5日以上働く場合は、1日の稼働時間がどれだけ短くても、フルタイムと同じ日数の有給休暇が発生します。また、週30時間以上働く場合は、たとえ週数日の勤務であっても、フルタイムと同じ有給休暇が与えられます。このあたりは、勘違いしている人も多いので、十分に注意してください。

有給休暇を取るときに気をつけなければならないのは、申請の手続きです。朝起きたら体調が悪かったので、慌てて会社に電話して有給休暇を取ることを願い出たが、会社側は有給休暇とは認めず、欠勤として処理されたとします。「そんなのは、あんまりだ」と思うかもしれませんが、残念ながらこれは違法ではありません。

なぜなら、**有給休暇を取得する際の手続きの方法については、基本的に会社が決めることができる**からです。就業規則などで会社が「有給休暇を請求する場合には、〇日前までに会社に申し出なければならない」と定めている場合には、基本的にはそれに従わなければなりません。会社が所定の届出で請求することを求めている場合も、同じです。

短時間勤務の人が、年度の途中でフルタイムの勤務に変わる場合もあります。こんなときは、いったい何日の有給休暇が発生するのでしょうか。この場合は、新たな有給休暇が発生する基準日の時点で短時間勤務であれば短時間勤務の日数、フルタイムであればフルタイムの日数が加算されることになります。

また、**有給休暇を会社が金銭で買い上げることは原則的に禁止**されています。会社が有

●年次有給休暇の付与日数

継続勤務年数	0.5年～	1.5	2.5	3.5	4.5	5.5	6.5年～
付与基準日到来回数	0	1	2	3	4	5	6回～
付与日数	10	11	12	14	16	18	20日

●年次有給休暇の比例付与

継続勤務年数			0.5年～	1.5	2.5	3.5	4.5	5.5	6.5年～
付与基準日到来回数			0	1	2	3	4	5	6回～
付与日数	週所定労働日数 1日	1年間所定労働日数 48日～	1	2	2	2	3	3	3日
	2日	73日～	3	4	4	5	6	6	7日
	3日	121日～	5	6	6	8	9	10	11日
	4日	169日～216日	7	8	9	10	12	13	15日

給休暇分の対価を支払うことで、有給休暇を消化させることはできません。ただし、退職時には取得すべき日がないため、例外的に認められることになります。

❽「就業規則」

「飲酒運転など悪質な交通違反をしたときは、出勤停止とする」

「正当な理由なく、しばしば遅刻や早退を繰り返したときは、減給とする」

「会社の重要な機密事項を外部に漏洩したときは、懲戒解雇とする」

職場での勤怠が不良だったり、守るべき服務規律に反する場合は、会社からこのような懲戒処分が科されることがあります。懲戒の種類は、戒告から、減給、出勤停止、降格、懲戒解雇まで、さまざまな段階がありますが、いずれも会社側が労働者に一方的に科してくるペナルティーには違いありません。

なぜ、会社が労働者にこのようなペナルティーを与えることができるのかといえば、それは就業規則に根拠があるからです。「**就業規則は、合理的な内容である限り、その会社で働く労働者を拘束する」というのが労働法の考え方**です。

個人的に就業規則を読んだことがないとか、その内容には反対だといっても、そんなことには関係なく、会社のルールとして労働者を拘束することになります。

気がついたら、会社のルールを犯していたということのないよう、入社したらすぐにもその会社の就業規則をしっかり確認しておくことが大切です。

でも、会社の就業規則なんて、見たことも聞いたこともないし、今さら上司に確認するのも間が悪いしという場合は、どうしたらいいのでしょうか。

会社には、就業規則を周知する義務があります。**周知というのは、労働者が見たいと思ったときには、いつでも見られる状況にしておくこと**をいいます。つまり、あなたが「就業規則を見たい」と意思表示したときに会社が応えられない状況というのは、違法だということになります。労働者としては、遠慮なく内容を閲覧できる権利があるわけです。

派遣社員の場合は、勤務している派遣先ではなく、雇用されている派遣元の就業規則が適用されます。具体的には、派遣登録をした事務所に備え付けられている就業規則に従うことになります。勤務している派遣先の就業規則の内容には、直接拘束されることはありませんので、この点は注意しておく必要があります。

また、派遣社員の人が気をつけるべきなのは、見せられた就業規則が自分たち派遣社員にそのまま適用されるルールなのかどうかということです。会社によっては、営業や総務などの正社員用の就業規則と、派遣社員用の就業規則を分けてつくっていることがありま

●就業規則に記載すべき事項

【絶対的必要記載事項】（必ず記載しなければならない事項）

❶ 始業・終業の時刻、休憩時間、休日、休暇、交替制の場合の就業時転換について

❷ 賃金（臨時の賃金を除く）の決定、計算、支払の方法、賃金の締切、昇給

❸ 退職について（解雇についての事項を含む）

【相対的必要記載事項】（制度を設ける場合には記載しなければならない事項）

❶ 退職手当の定めをする場合は、適用される労働者の範囲、退職手当の決定、計算、支払いの時期

❷ 臨時の賃金等（退職手当を除く）および最低賃金について

❸ 労働者の食費、作業用品その他の負担について

❹ 安全衛生について

❺ 職業訓練について

❻ 災害補償、業務外の傷病扶助について

❼ 表彰、制裁の種類、程度について

❽ ❶～❼のほか、事業所の労働者のすべてに適用される事項

【任意的記載事項】

会社が自由に就業規則に定めることができる事項

す。

この場合は、一般的な内容の正社員用だけを見せられたのでは意味がありませんので、しっかり派遣社員に適用される就業規則を確認するようにしましょう。

❾「解雇」

解雇とは、会社側の一方的な意思によって会社を退職させられることをいいます。働く人の権利を根本から奪うことですから、そう簡単には認められないのは当然のことです。

会社が解雇をするには、**第三者から見て理にかなっていると思われる理由があり、世間の常識から考えても適当だと考えられる事情がある必要があります。**そうでない場合は、いくら会社が解雇するといっても、基本的には無効ということになります。

解雇が有効か無効かという判断は最終的には裁判所が下しますが、判断の基準にされるのが就業規則の規定です。**就業規則に書かれていない理由によって解雇することはできません。**仮に就業規則に記載があったとしても、そこに規定されているほどの非が労働者にないと判断される場合は、解雇はできないことになります。

たとえば、就業規則に「職務遂行能力が著しく劣り、または勤務成績が著しく不良であるとき」は解雇すると書かれていた場合、単に職務遂行能力が劣っていたり、勤務成績が

不良だというレベルでは解雇はできず、「著しく」という段階で初めて解雇が認められるということになります。

解雇には、**普通解雇、懲戒解雇、諭旨解雇、整理解雇**といった種類があります。普通解雇は通常の解雇、懲戒解雇は重大な違反に対する懲戒としての解雇、諭旨解雇は会社から退職を促されたのを受けての解雇、整理解雇は経営不振の際の人員整理として行なわれる解雇です。会社で一般的に問題とされやすいのは、普通解雇と懲戒解雇です。

労働者が解雇されたときは、会社にその理由が書かれた文書を請求することができます。そこで、普通解雇や懲戒解雇の場合は、就業規則のどの部分に違反し、違反の程度が本当に普通解雇や懲戒解雇にふさわしいのかを冷静に確認する必要があります。理由がしっかりと説明されないような場合は、会社の解雇の判断に問題があるケースが多いといえます。

また、整理解雇の場合は、①**なぜ解雇が必要なのか**、②**解雇を避ける努力をしたのか**、③**人選に間違いはなかったのか**、④**手続きはしっかり行なわれたのか**、という「四要件」を満たす必要があります。基本的には、これらを満たさなければ、解雇は成立しません。

会社が労働者を解雇するときには、30日前に解雇予告をするか、30日分の平均賃金を支払う必要があります。会社がこれを行なわなくてもよいのは、試用期間中で14日たっていない、天災で事業の継続ができない、労働基準監督署の認定を受けたとき、の三つです。

派遣の仕組みの基本をしっかりとおさらいしよう ── 労働者派遣法

❶「一般労働者派遣事業と特定労働者派遣事業」

人材派遣は、派遣元に雇用される派遣社員が、派遣先の指示を受けて派遣先で働くという仕組みです。通常は、面接を受けて入社した会社と毎日出勤する会社は同じですが、派遣社員の場合は、雇用されている会社と実際に勤務する会社が異なるところに特徴があります。

もともと職業安定法では、雇用される会社と勤務する会社が分離することは禁止されていいます。それを派遣法によって特別に認めたのが、人材派遣です。そのため、人材派遣業は許可（届出）を持っている会社しか、行なうことができません。求人広告やホームページなどで「派遣」をうたっていたとしても、実際には無許可で行なっている場合は、すべて違法ということになります。

人材派遣には、**一般労働者派遣事業（一般派遣）**と**特定労働者派遣事業（特定派遣）**の二つの種類があります。

●労働者派遣事業の種類

一般労働者派遣事業

特定労働者派遣事業以外の事業であり、常用雇用の派遣労働者以外の登録型の派遣労働者がいる場合。厚生労働大臣の許可が必要。

特定労働者派遣事業

常用雇用の労働者のみを派遣対象として、派遣事業を行なう場合。厚生労働大臣への届出が必要。

（労働者派遣法第２条）

一般派遣は、登録型の人材派遣です。派遣会社にエントリーした登録者が、派遣先を紹介されて仕事をする期間だけ、派遣会社に雇用されることになります。駅前にオフィスを構えて広く登録者を募集している派遣会社が、この典型です。

それに対して、**特定派遣は常用型の人材派遣**です。すべての派遣社員は派遣会社に常用雇用されています。たとえ勤務する派遣先が変わったり、次の派遣先が見つかるまでに期間が空いてしまったとしても、派遣社員は、入社してから退職するまで派遣会社との雇用関係が続きます。

なお、「常用雇用」とは、①期間の定めなく雇用されている人、②一定の期間だけ雇用されている人や日雇の人であっても、１年を超えて引き続き雇用されていたり、1年を超えて雇用される見込みのある人のいずれかに当てはまる人のことをいいます。「1年を超えて」というのが、キーワードです。

派遣会社は、**一般派遣を行なうためには厚生労働大臣の許可**をとらなければならず、**特定派遣を行なう場合は厚生労働大臣に届出**を行なう必要があります。届出よりも許可のほうがもちろんハードルが高いので、特定派遣よりも一般派遣を行なう会社のほうが厳しい条件をクリアしているということになります。

そのため、一般派遣の許可を持っている会社は同時に特定派遣を行なうこともできますが、特定派遣の届出しかしていない会社が一般派遣を行なうことは、もちろん許されません。特定派遣のみをうたっている会社が短期の人材派遣を行なうことは、明らかに違法となります。

一般派遣と特定派遣の違い

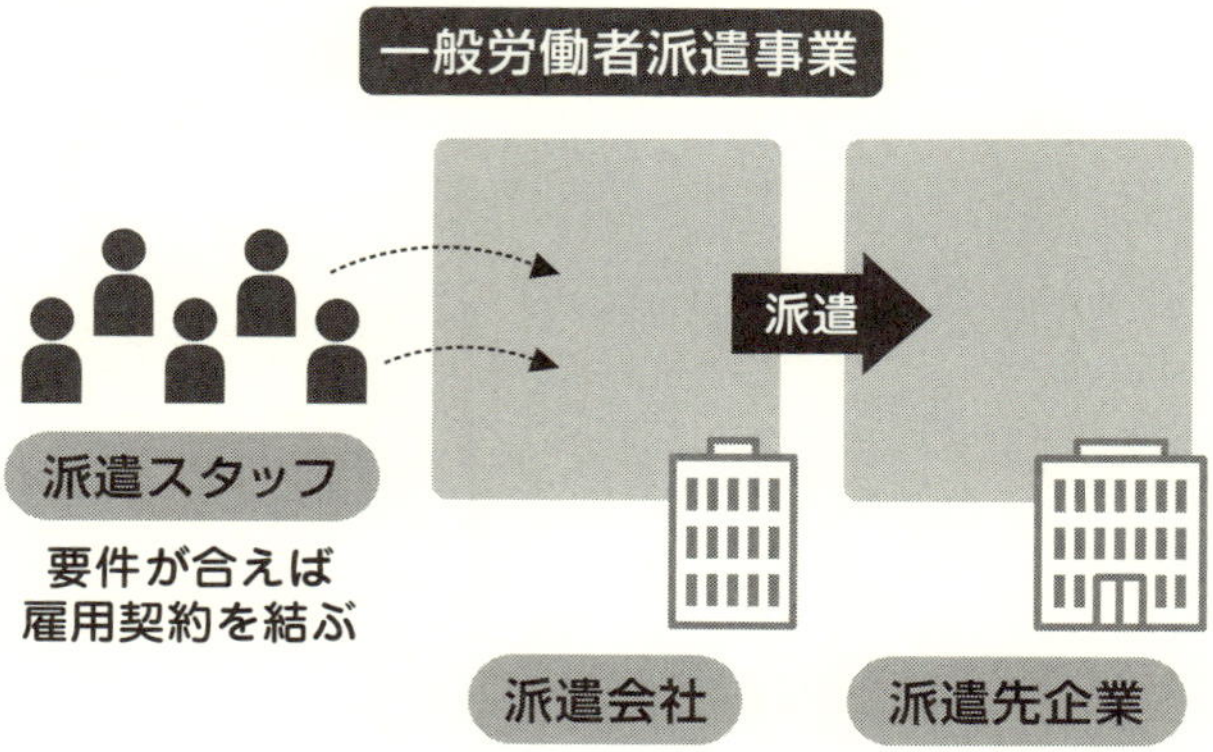

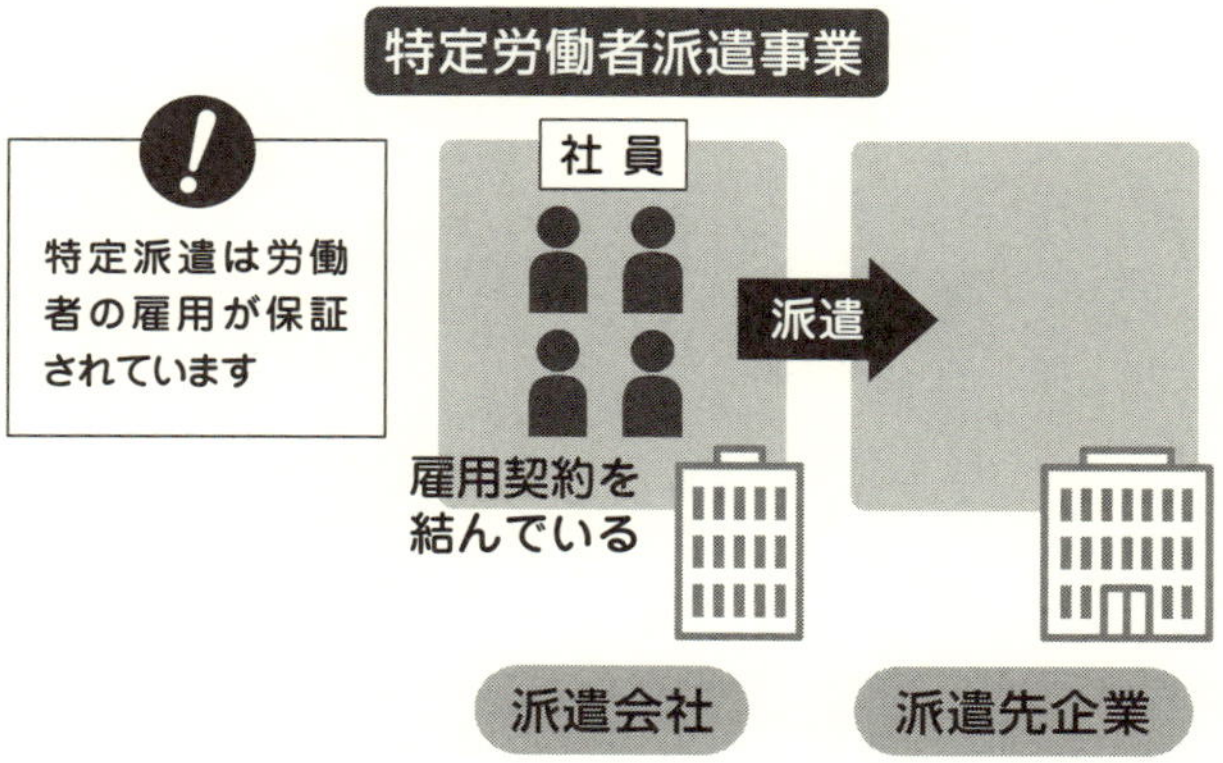

❷「派遣契約」

人材派遣は、派遣元と派遣先が派遣契約を交わし、派遣社員と派遣元が雇用契約を交わすことで成り立ちます。**派遣契約は、派遣元と派遣先との間での取り決め**ですから、直接派遣社員には関係ありません。しかし、派遣契約でうたわれる内容は、派遣社員が仕事をする上での基本的な条件に関わるものばかりなので、派遣会社と勤務先がどんな契約を交わしているのかということは、押さえておいても損はないでしょう。

派遣法で、派遣契約（個別契約）に書くことが義務とされているのは、表の内容です。派遣社員の立場から注目したいのは、安全衛生や、派遣社員からの苦情処理、時間外・休日労働や福利厚生など、派遣社員として働く上での権利に関する部分です。これらの項目は、いずれも派遣元が派遣社員に交付する就業条件明示書に書かれる項目と重複しますが、紙数の都合で表現が簡略されたり、微妙にニュアンスが異なるケースもあります。状況が許すのであれば、派遣会社の担当者にやんわりと「派遣契約では、どうなっているの

●派遣個別契約書に記載すべき内容

❶ 派遣社員の業務内容
❷ 派遣先の名称、所在地、部署、電話番号
❸ 指揮命令者の部署、役職、氏名
❹ 派遣期間、派遣就業する日
❺ 始業・終業の時刻、休憩時間
❻ 安全衛生に関する事項
❼ 派遣社員からの苦情処理について
❽ 派遣契約の中途解約にあたって講ずる取り組み
❾ 紹介予定派遣の場合は、紹介予定派遣について
❿ 派遣元責任者、派遣先責任者の役職、氏名、連絡先
⓫ 時間外・休日労働について
⓬ 福利厚生について
⓭ 派遣期間の制限を受けない業務の場合は、そのこと
⓮ 派遣社員の人数

ですか」と尋ねてみることも、一案だと思います。

あとは、中途解約にあたって講ずる取り組みが重要です。これは、**派遣先の都合で派遣契約が解約された場合に、派遣先が負うべき義務**のことです。万一、契約の途中で解約された場合、派遣社員の保護がきちんとなされるかは、この部分にもかかってきます。

人材派遣のしくみ

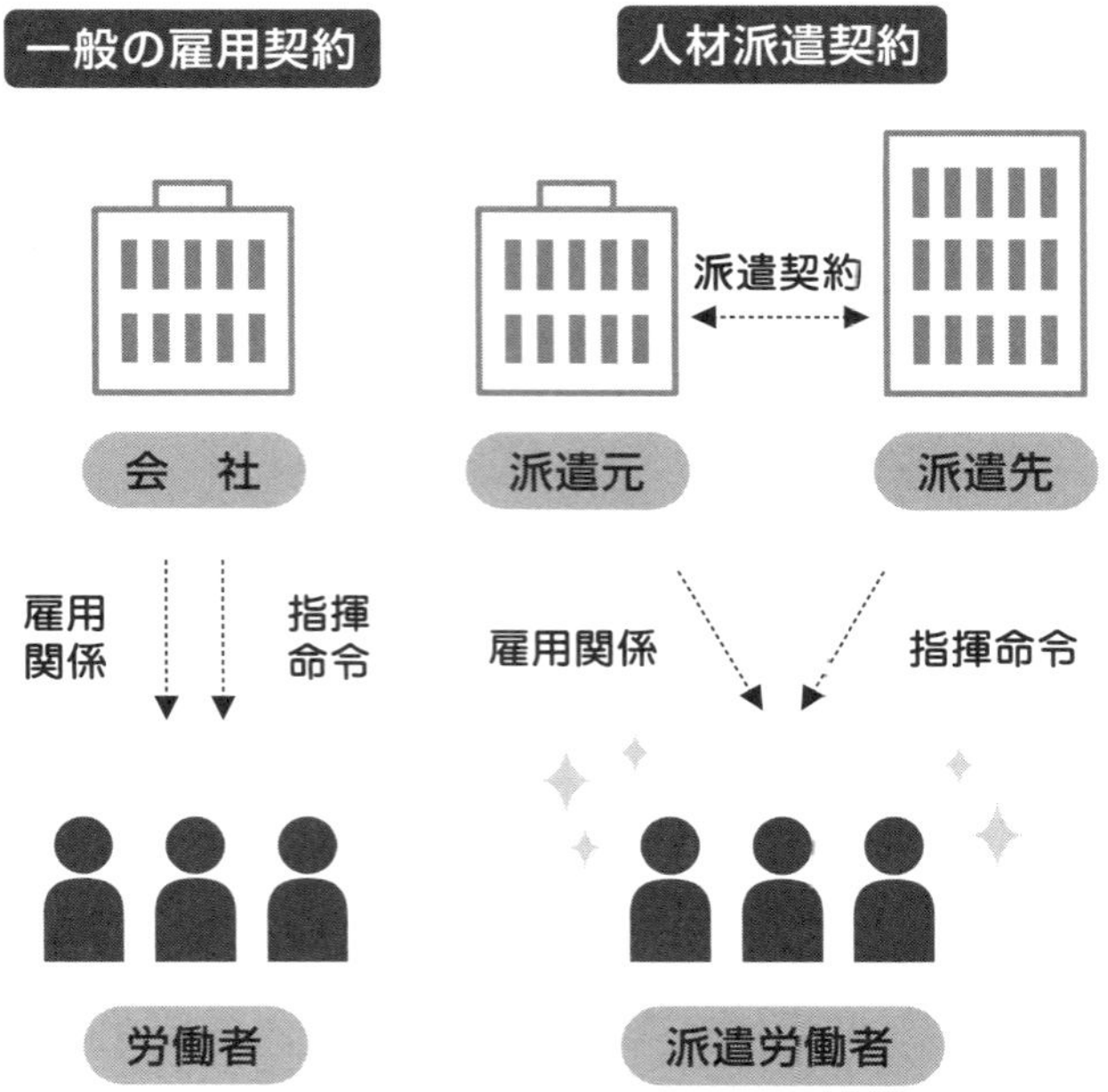

人材派遣は労働者を雇用するところと指揮命令をするところが別なのです。

❸「派遣業務」

人材派遣は、どんな業種でも自由に行なうことができるわけではありません。ある派遣会社の不祥事がマスコミで報道された際、本来は派遣が許されない業務に対して違法な派遣が行なわれていたことがクローズアップされたのは、記憶に新しいところでしょう。派遣では働くことができない業種を知らずにいると、大変なことになることがあります。

現在、派遣が禁止されているのは、以下の業務です。

①港湾運送業務
②建設業務
③警備業務
④医療関係業務（紹介予定派遣によるものを除く）
⑤人事労務に関する業務
⑥専門士業などの業務

港湾運送、建設、警備の３業務への派遣が許されないことは、ご存じの方も多いでしょう。ですから、確信犯的にこれらの業務への派遣が行なわれることは、まず考えられないと思います。ただ、港湾運送の場合は運送だけでなく倉庫内での作業も禁止業務に含まれたり、建設の場合は建設会社であっても現場作業職でなければ認められることから、個々のケースによって判断が難しい場合があります。

日雇派遣が社会問題とされた背景にも、派遣社員の人が当日現場に行ってみないと、自分でもどんな仕事をするのかまったくわからないという問題がありました。特に、港湾地域の近くや建設会社の関連会社など、禁止業務に関連する職場で働くような場合には、事前にしっかりと内容を把握しておくことが大切です。

医師や看護師などの医療関連業務は、**紹介予定派遣**の場合や社会福祉施設での業務については、派遣が認められます。紹介予定派遣とは、**派遣期間が終わると同時に、派遣社員が派遣先への就職が斡旋されることが、あらかじめ約束されている派遣**のことです。

人事労務や専門士業の場合は、団体交渉や労使協議の業務や、資格者としての業務を派遣社員として行なうのは適切ではないという理由で禁止されています。

これらの業務以外については、あらゆる業種で派遣社員として働くことができます。

派遣で働くときに注意したいのは、たとえ**禁止業務である可能性がなくても、自分が就**

●派遣禁止業務

❶港湾運送業務	
❷建設業務	
❸警備業務	
❹医療関係業務	医師・歯科医師・薬剤師・保健師・助産師・看護師・准看護師・言語療法士・救急救命士・臨床工学技士・義肢装具士・視能訓練士・理学療法士・作業療法士・臨床検査技師・管理栄養士・歯科衛生士・診療放射線技師・歯科技工士が病院・診療所・助産所・介護老人保健施設等で行なう業務
❺人事労務に関する業務	団体交渉・労使協定等の締結のための労使協議の際に使用者側の直接当事者として行なう業務
❻その他の一定の業務	弁護士・外国法事務弁護士・司法書士・土地家屋調査士・公認会計士・税理士・弁理士・社会保険労務士・行政書士・管理建築士の業務

（労働者派遣法第４条）

こうとする業務の内容が何なのかをしっかり理解することです。派遣業によって、派遣期間や派遣社員の権利が変わってくることがあるため、この点はとても重要です。

※「紹介予定派遣」：派遣元が、派遣スタッフ、派遣先に対して、派遣就業終了後に職業紹介を行なうことを予定して行なう人材派遣のこと。派遣元は有料職業紹介事業の許可を有する必要がある

13

❹「派遣期間」

派遣社員は、もちろん派遣会社と交わした雇用契約に書かれた期間、働くことになります。ただ、それとは別に、**派遣社員の場合は派遣先の業務内容によって続けて働くことができる期間が違ってきます。**

たとえば、あなたが3年間しか働くことができない製造工場の仕事をしていたとすると、たとえ派遣会社との雇用契約はそれよりも長かったとしても、3年が経過してしまうと同じ派遣先で派遣社員として働くことは許されないのです。

この点は、正社員やパート、アルバイトにはないルールなので、とても重要な点です。

派遣期間のルールは、大きく分けると、**①専門26業務**、**②自由化業務**、**③その他の業務**の三つがあります。

専門26業務とは、1999年の派遣法の改正で派遣業務が原則として自由化される前から、派遣が認められていた26種類の専門業務のことをいいます。ソフトウェア開発や財務処理、ファイリングなどの仕事がこれにあたります。専門26業務では、派遣期間の制限はありませんので、条件さえ合えば何年間でも派遣社員を続けることができます。

自由化業務とは、派遣法改正で派遣業務が原則自由化されることによって、新たに派遣が認められるようになった業務のことをいいます。営業、販売、製造などの仕事がこれにあたります。

自由化業務の派遣は、1年間までというのが原則です。ただし、派遣先が派遣社員の受け入れについて自社の労働組合（労働者代表）の意見を聴いた場合は、最長3年間まで派遣を行なうことができます。派遣社員を受け入れている派遣先では、この手続きを取ることが多いため、現実的には「**最長3年間**」と押さえておくべきでしょう。

その他の業務には、事業の開始・転換・廃止などのためのプロジェクト業務、毎月10日以下しか稼働しないような就業日数が少ない業務、育児休業・介護休業の代替要員の業務があります。プロジェクト業務は3年間、就業日数が少ない業務は制限なし、育児休業・介護休業の代替要員の場合は休業者の復職まで派遣が認められます。

派遣期間のルールで最も気をつけなければならないのが、自由化業務です。たとえば、自由化業務である製造工場で勤務している人は、最大3年間しか働くことができません。たとえ派遣元や派遣先から評価されたとしても、3年間を超えて同じ派遣先で働くこと

●業務別の派遣受入期間

業務の種類	派遣受入期間
❶ ②〜⑦以外の業務	最長3年まで
❷ 専門26業務	制限なし
❸ 3年以内の「有期プロジェクト」業務	プロジェクト期間は制限なし
❹ 日数制限業務	制限なし
❺ 産前産後・育児休業取得者の業務	制限なし
❻ 介護休業取得者の業務	制限なし
❼ 製造業務	最長3年まで

（労働者派遣法第40条の2）

は許されないのです。仮に所属する派遣会社が変わったとしても、続けて同じ派遣先で働くことはできません。とても厳しいルールということができます。派遣社員としては、派遣先や職種を変えるか、派遣先に直接雇用されるかという選択肢を迫られることになります。

※「自由化業務」：1999年の派遣法改正で派遣が自由化された業務。派遣受入期間は原則1年、派遣先が労働者の過半数代表者に意見聴取を行なった場合は最長3年まで

専門26業務と自由化業務の派遣受入期間

専門26業務

制限なし

自由化業務

原則1年

（1年を超え3年以内で定めたときはその期間）

受入期間制限の除外業務は派遣の期間が一定期間で終了する

受入期間制限の除外業務

プロジェクト業務

制限なし

就業日数の少ない業務

制限なし

育児代替業務

育児休業者の復職まで

介護代替業務

介護休業者の復職まで

専門26業務　ソフトウエア開発の業務／機械の設計の業務／放送機器等操作の業務／放送番組等の演出の業務／事務用機器操作の業務／通訳、翻訳、速記の業務／秘書の業務／ファイリングの業務／調査の業 務／財務処理の業務／取引文書作成の業務／デモンストレーションの業務／添乗の業務／建築物清掃の業務／建築設備運転、点検、整備の業務／受付・案内、駐車場の管理等の業務／研究開発の業務／事業の実施体制の企画、立案の業務／書籍等の制作・編集の業務／広告デザインの業務／インテリアコーディネーターの業務／アナウンサーの業務／OAインストラクションの業務／テレマーケティング営業の業務／セールスエンジニアの業務／放送番組等における大道具・小道具の業務

14

❺「就業条件明示書」

派遣社員として働く際には、必ず前もって派遣会社から、**就業条件明示書**をもらうことになります。就業条件明示書とは、**派遣会社が派遣社員に対して、派遣期間や業務内容、指揮命令者などの就業条件を明らかにする書面**のことをいいます。派遣会社が、就業条件明示書を交付せずに派遣社員を派遣先で勤務させることは、許されません。

就業条件明示書には、業務内容、就業場所、派遣期間、指揮命令者、派遣元責任者、苦情処理、時間外・休日労働などの項目が示されます。これらの項目の多くは、派遣契約に示される項目と重複します。同じような項目が盛り込まれた派遣契約を、派遣元と派遣先が交わしていることを意識して内容をチェックしてみると、理解しやすいでしょう。

派遣社員が入社時に派遣会社からもらう書類としては、他に**労働条件通知書**があります。これは、**会社が新たに雇用する労働者に対して、勤務時間や業務内容、休日休暇や賃金などの労働条件を示す書面**のことをいいます。

就業条件明示書と似ていますが、就業条件明示書が派遣で働き始めるときに交付される書類なのに対して、労働条件通知書は会社に入社したときに交付されるものです。就業条件明示書とは異なり、正社員やパート、アルバイトなどの雇用形態を問わずに交付されます。

初めて派遣会社に入社して派遣先で働く場合は、労働条件通知書と就業条件明示書を両方もらうことになります。それぞれの書類に書かれる項目のうち、業務内容、就業場所、派遣期間（契約期間）、就業日、時間外・休日労働は内容が重複するため、会社によっては二つの書類を1枚にまとめて作成し、交付するケースもあります。この場合は、記載されるべき項目に漏れがないか、しっかり確認することが大切でしょう。

就業条件明示書の内容でポイントになるのは、**派遣受入期間の抵触日と時間外・休日労働**です。

抵触日とは、派遣期間に制限がある自由化業務で、続けて派遣で働くことができなくなる（最初の）日のことです。この日以降は、同じ派遣先では働くことができなくなります。これは必ずしも1年後とか3年後とは限らないため、最初に確認しておく必要があります。

時間外・休日労働は、残業や休日出勤を行なう時間の上限のことです。この時間数ま

●就業条件明示書に明示すべき事項

1. 従事する業務の内容
2. 従事する事業所の名称および所在地、部署、連絡先
3. 指揮命令者の部署、役職、氏名
4. 派遣期間および就業する日
5. 派遣就業の開始日
6. 安全および衛生について
7. 苦情処理について
8. 中途解約にあたって講ずる派遣労働者の雇用の安定を図るための措置
9. 紹介予定派遣の場合は、紹介予定派遣について
10. 派遣受入期間の制限に抵触することとなる最初の日
11. 派遣元責任者および派遣先責任者の役職、氏名、連絡先
12. 時間外、休日労働について
13. 福利厚生の便宜供与について
14. 期間の制限を受けない業務について行なう労働者派遣について

（労働者派遣法第 34 条）

でなら、残業や休日出勤をさせることがあるという意味になります。基本的に派遣元が派遣先と交わす派遣契約と一致しているので、面談時の条件と違いがないか再確認しましょう。

※「抵触日」：派遣受入期間の制限がある自由化業務において、受入期間の制限に抵触（違反）することとなる最初の日（すなわち派遣可能期間の翌日）のこと

派遣の仕組みの基本をしっかりとおさらいしよう──労働者派遣法

❻「派遣元責任者」

派遣元責任者とは、派遣会社の実務責任者です。**派遣社員からの相談や苦情処理、派遣先との連絡調整の役割を果たす**のがこの立場の人で、派遣社員にとっては、何か問題があったときに頼るべき上司ということになります。派遣会社には必ず派遣元責任者がいますので、派遣社員として働くときには、どの人が派遣元責任者なのかを知っておくべきです。

派遣元責任者の役職や氏名は、就業条件明示書で確認できます。

派遣元責任者は、派遣法で次ページ表の役割を果たすことが義務づけられています。派遣社員として働くことが決まったものの、就業条件明示書を交付してもらえない、あるいはその内容に納得ができないとき、疑問をぶつける相手は派遣元責任者です。派遣会社によっては、営業や管理の担当者が派遣社員の対応のすべてを行なうケースもありますが、会社として実務の最終責任を負うのは派遣元責任者なのです。

いざ派遣先で働き始めたけれども、勤務条件が最初に聞いた話とは違う、派遣先の上

●派遣元責任者の役割

❶ 派遣社員であることの明示、就業条件明示書の作成・交付
❷ 派遣先への通知、派遣先・派遣社員への派遣停止の通知
❸ 派遣元管理台帳の作成・保存
❹ 派遣社員に対する助言・指導
❺ 派遣社員からの苦情処理
❻ 派遣先との連絡調整
❼ 個人情報の管理
❽ 安全衛生について

司や先輩がまったく仕事を教えてくれなくて困っている、派遣先の上司からパワハラを受けて困っている、自分の個人情報がしっかりと守られているか心配といった悩みを持ったときは、まず派遣元責任者に相談すべきです。

派遣元責任者には、3年以上の雇用管理の経験があり、5年に1度、派遣法の基礎的な知識を学ぶ派遣元責任者講習を受けた人がなっていますから、派遣会社の中でもそれ相応の経験や知識を持っている人だといえます。素直に相談を投げかければ、何らかの力添えが得られるケースは多いでしょう。

派遣の仕事で悩みを抱えたときは、いきなり外部の人に相談を持ちかけるのではなく、まずは派遣元責任者に投げかけることが、事態を改善するための第一歩になるはずです。

派遣の仕組みの基本をしっかりとおさらいしよう —— 労働者派遣法

❼「直接雇用義務」

直接雇用義務とは、**一定の期間、派遣先で働いてきた派遣社員が、派遣先に直接雇用されることを希望すると、派遣先はそれを受け入れなければならない義務**のことをいいます。派遣社員の立場から見れば、法律で決められた条件と手続きをクリアすることで、派遣先に就職することができるチャンスが生まれるわけです。

直接雇用義務には、派遣先に必ず雇用しなければならない義務が発生する**雇用申込義務**と、同じ部署に新たに労働者を雇用しようとするときには、派遣社員を雇用するように努めなければならない**雇用努力義務**があります。少しわかりにくい制度ですが、派遣社員にとってはとても重要な仕組みなので、簡潔に説明します。

雇用申込義務には、自由化業務の雇用申込義務と専門26業務の雇用申込義務の2種類があります。

自由化業務では、派遣期間の抵触日が到来した場合、引き続き派遣先が派遣社員を使用しようとし、派遣社員も派遣先に雇用されることを希望するときには、派遣先は派遣社員に直接雇用の申し込みをしなければなりません。3年間の派遣期間の満了日以降も、派遣先が派遣社員に仕事を続けさせたい場合は、自社の労働者として雇用しなければならないということです。

専門26業務では、同じ派遣社員が3年間同じ仕事をしていた場合には、派遣先がその部署に新たに労働者を雇用しようとするときは、今まで仕事をしてきた派遣社員を優先的に雇用するようにしなければなりません。この場合は、派遣社員の希望に関わらず、派遣先が雇用の申し込みをしなければならないことになっています。

これに対して、雇用努力義務は自由化業務のみに認められる制度です。

自由化業務の部署に同じ派遣社員が1年以上勤務していた場合、派遣期間が過ぎた後、派遣先がその仕事をさせるために新たに労働者を雇用しようとするときには、それまで勤務してきた派遣社員を雇用するように努めなければなりません。この場合、派遣社員は、次の二つの要件をクリアする必要があります。

①派遣期間の満了日までに、派遣先に雇用されて同じ仕事がしたいことを申し出ること
②派遣期間の満了から7日以内に、派遣会社との雇用関係が終了すること

派遣社員として働いている立場からすると、特に雇用申込義務は使える制度です。ただ

●直接雇用義務

雇用申込義務	自由化業務	抵触日以降、引き続き派遣先が派遣社員を使用しようとし、派遣社員も派遣先に雇用されることを希望するとき
	26業務	同じ派遣社員が3年間同じ仕事をしており、派遣期間が過ぎた後、派遣先が同じ仕事をさせるために新たに労働者を雇用しようとするとき
雇用努力義務	自由化業務	同じ派遣社員が1年以上同じ仕事をしており、派遣期間が過ぎた後、派遣先がその仕事をさせるために新たに労働者を雇用しようとするとき

(労働者派遣法第40条の3、4、5)

法律で決められているからという態度ではなく、普段から派遣先の一員として働きたい意思があることを伝えておくことが、この制度を有効に活用するポイントになります。

17

働く人の安全や健康管理のルールを知ろう —— 労働安全衛生法

❶「定期健康診断」

会社で働いている人なら、何も疑問もなく、毎年必ず健康診断を受けていることでしょう。職場での働き過ぎや過度のストレスが身体にも悪影響を与えることが叫ばれている昨今、定期的に健康診断を受けて体調管理を心がけるのは大切なことです。

会社に定期的な健康診断を行なう義務があることは、正社員も派遣社員も変わりがありません。**派遣社員の人でも、常時使用されている場合は、毎年定期的に健康診断を受けることになります。**常時使用とは、1週間の所定労働時間が通常の労働者の4分の3以上勤務していることをいいますので、多くの人はこれに当てはまることになります。

健康診断には、常用雇用されているすべての労働者が受ける**一般健康診断**と、特定の有害な業務に従事している労働者のみが受ける**特殊健康診断**の2種類があります。

一般健康診断は、職場で働く労働者が健康状態を維持していくために行なう健康診断です。雇入れ時の健康診断、年に1回の定期健康診断、深夜業や粉じん業務、振動業務などをしている人が6か月に1回受ける特定業務従事者の健康診断などの種類があります。

一般健康診断は雇用主に課せられた義務であるため、これらはいずれも所属している派遣元で受けることになります。

特に注意しなければならないのは、雇入れ時の健康診断です。通常は雇入れの前後に会社が実施しますが、場合によっては入社時に会社から健康診断書の提出を求められることがあります。この場合は、基本的には自分で健康診断を受けなければなりません。

また、特に有害な作業がなくても、深夜業を含む勤務に就いている人は、6か月に1回の特定業務従事者の健康診断を受ける必要があるので注意が必要です。

それに対して特殊健康診断は、健康に有害な影響を与える可能性が高い業務に従事している労働者のみが受ける健康診断です。具体的には、高圧室内作業、放射線業務、一定の有害な化学物質の製造・使用、有機溶剤の製造・使用などがこれに当たります。

特殊健康診断は実際に有害業務を行なう職場の責任で実施するため、勤務している派遣先で受けることになります。

派遣社員の人は、派遣先の定期健康診断には参加する必要がありませんが、特殊健康診断は一緒に受ける必要がありますので、有害な作業や化学物質、有機溶剤などの業務に関わっている人は、気をつける必要があります。

❷「過重労働」

度重なる残業や休日出勤などの長時間労働が続くと、心身に過度の負担がかかり、疲労から健康障害を起こしてしまうことがあります。特に脳や心臓の病気は、長時間労働によって発症したり、悪化することが知られており、最近では特に**メンタルヘルス**（心の健康）の大切さが叫ばれています。

疲労の蓄積が健康障害に結びつく程度の長時間労働のことを過重労働といいます。過重労働には、時間外・休日労働の水準について、次のような基準があります。

①1か月あたり45時間を超える……超えるほど、業務と脳・心臓疾患との関連が強まる
②発症前1か月間に１００時間を超える、または発症前2〜6か月間に1か月あたり80時間を超える……業務と脳・心臓疾患との関連が強い

ここ数か月の平均的な時間外・休日労働が1か月あたり80時間を超えるような場合は、過重労働と認められ、それが原因で健康障害が起こったときには、労災として認められる

可能性がかなり高くなります。特に、深夜に及ぶ過酷な勤務は、確実に働く人の心身を蝕んでいくため、万全の配慮をする必要があります。

過重労働によって健康状態が悪くなることを防ぐためには、いくつかの方法があります。ひとつは、**自発的健康診断**の制度です。これは、6か月間を平均して1か月あたり4回以上の深夜業を行なった場合は、自発的に受けた健康診断の結果を派遣元に提出できるというものです。健康診断の結果を提出された派遣元は、定期健康診断と同じように医師から意見を聴き、必要があれば健康状態を守るための対策を講じなければなりません。

また、深夜業をしていない場合でも、時間外・休日労働が月100時間を超えている場合には、疲労の蓄積が見られ、本人が申し出たときは、派遣元は医師による面接指導を行なわなければなりません。面接指導の結果、医師の意見を聴き、必要がある場合は、労働時間を短くしたり、深夜業の回数を減らすといった対策が講じられることになります。

これらは、労働安全衛生法で決められているルールなので、もちろん、派遣社員の人も活用することができます。派遣という働き方の性格上、特に繁忙な職場で勤務することが相次いだり、過酷な長時間勤務が続いていても、なかなか周りに相談相手となる人がいないことが多いのが現実です。だからこそ、法律で決められている制度を有効に活用して、自分の健康は自分で守っていくという姿勢を持つことが大切だといえるでしょう。

19

二重派遣が違法だということを知ろう ―― 職業安定法

「労働者供給事業」

職業安定法とは、職業紹介についての基本的なルールをまとめた法律です。就職先を探すときにお世話になる公共職業安定所やその他の職業安定機関のあり方、職業紹介事業の手続きや運営方法についても、すべてこの法律で定められています。

職業安定法のポイントをひと言でいうなら、労働者供給事業を禁止しているということです。労働者供給事業とは「**労働者が、雇用されている会社ではなく、まったく別の会社から指示されて仕事をすること**」をいいます。就職した会社とは異なる会社の指示を受けて働くことは、基本的には違法なのです。

では、派遣会社の一員でありながら、まったく別の派遣先で指示を受けて仕事をする人材派遣は違法ではないのでしょうか。人材派遣も労働者供給事業のひとつには違いがないので、職業安定法の原則としては本来禁止されています。それを派遣法という特別な法律によって、例外として認めているのが、今の派遣制度なのです。

そうすると、違法な労働者供給事業と適法な人材派遣との違いが、気になってきます。

簡単にいいますと、労働者が派遣元（供給元）から派遣先（供給先）に出向いて仕事を行なう場合、**派遣元とのみ雇用関係があるものが人材派遣**です。この形だけが、例外的に適法とされています。人材派遣の場合は、逆にいいますと、これ以外の形、たとえば、派遣元との間に雇用関係がなかったり、派遣元と雇用関係があっても同時に派遣先とも二重の雇用関係があるような場合は、すべて労働者供給事業であり、違法ということになります。

労働者供給事業は、労働者の賃金が中間搾取されてしまい、雇用主の責任が曖昧になり、劣悪な労働環境に歯止めがきかなくなることから、禁止されています。一方で派遣については、特別の許可（届出）制度によって雇用主に一定の規制をかけて、働く人を保護することを条件に、例外として認められています。

働く人からすると、労働者供給事業で最もわかりやすい例が、二重派遣です。たとえば、派遣元Ａ社に所属している田中さんが、派遣先Ｂ社に派遣され、さらにＢ社から派遣先Ｃ社に向けて派遣されるような例です。

この場合、田中さんは、Ａ社と雇用契約を交わして派遣社員としてＢ社に派遣されているのに、さらにＢ社からＣ社に派遣されています。Ｂ社が雇用関係のない田中さん

労働者供給事業

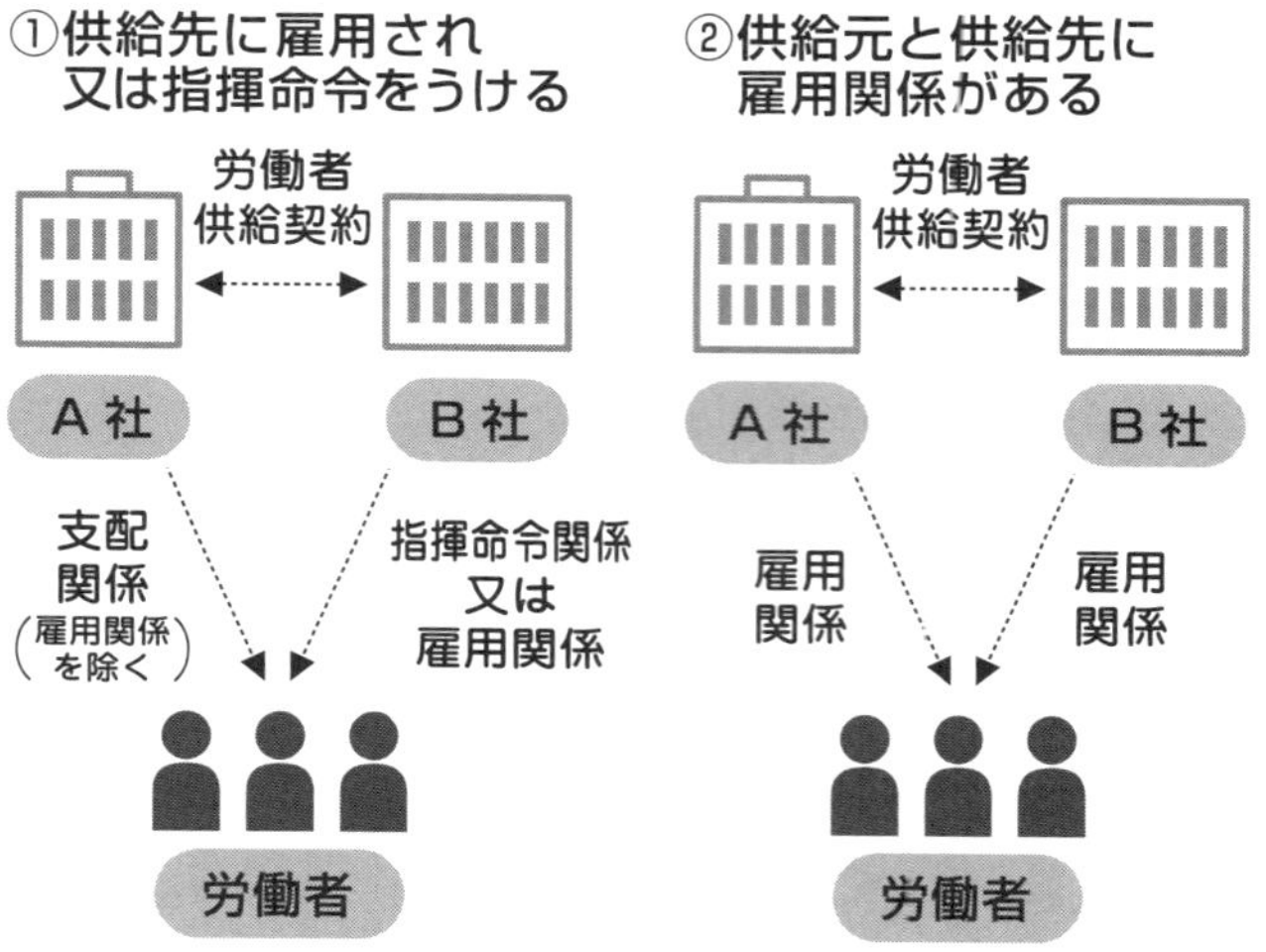

上記2つは職業安定法第44条に基づき全面的に**禁止**されています。

をC社に派遣することは許されず、また、A社と雇用関係のある田中さんと同時に雇用契約を交わすことも、職業安定法違反として違法になるのです。

20

会社の責任は重大だということを知ろう——労働契約法

「安全配慮義務」

毎月100時間を超えるような過酷な時間外労働を繰り返していた労働者が、追い詰められて不幸にも自殺してしまったのを受けて、会社は遺族から損害賠償を求めて訴訟を提起された。最近では、このようなケースも増えてきています。

会社は、仕事中の怪我や直接的な病気が原因でなくても、労働者に不幸が起こったり、心の健康が脅かされたようなときは、それ相応の責任を問われることになります。それは、なぜでしょうか。会社は、労働者に対して**安全配慮義務**を負っているからです。

安全配慮義務とは、**会社が労働者を労働災害の危険から保護するよう配慮しなければならない義務**のことをいいます。労働者は会社が用意する施設や設備を使って仕事を行なうことから、特別の契約を交わさなくても、会社と労働者とが雇用契約を結ぶことによって、当然このような義務が会社に発生します。

もともと安全配慮義務は、法律で決められた義務ではなく、裁判の積み重ねによってつ

3章

くられてきたルールでしたが、２００８年施行の労働契約法で初めて法制化されました。今までは曖昧なルールに過ぎなかったものが、法律の一部として確立されたのです。

労働者が仕事中に怪我や病気にあったときは、労災保険によって治療を受けるため、治療費の本人負担はなく、休業する期間は80パーセントの補償が受けられます。

しかし、そうはいっても、会社の施設に問題があったり、上司の指示が適切でなかったり、仲間との連携がうまくいっていなかったことによって被災してしまったというときは、治療費や休業補償をもらうだけでは納得がいかないこともあるでしょう。

そんなときに、**労働者が被った損害について、会社に損害賠償を請求できるというのが安全配慮義務の考え方**です。もちろん、これは民事的な損害賠償なので、わかりやすくいうと、交通事故のときの損害賠償と同じような考え方になります。

つまり、自分の過失と相手の過失とを比べて、より過失が重いほうの責任が問われるということです。よほどのことがないかぎり、会社より労働者の責任が重いということにはなりませんが、基本的な考え方は、このようになります。

これからは、働く側としても、自分が過失を負うことがないよう、意識していくことが大切です。具体的には、就業規則や作業マニュアル、上司の指示にいかに誠実に従うかということです。そのことが、自分の身を守っていくことにもつながるのです。

21

偽装請負が違法だということを知ろう —— 民法

「請負契約」

偽装請負が大きな社会問題となり、それが派遣社員の人の身の振り方にも影響を及ぼしてしまっています。派遣社員が働く現場は、たとえ見た目が請負だったとしても、実態が派遣だという場合は、偽装請負ということになり、会社は行政から厳しい指導を受けることになります。結果として、そこで働く人があおりを受けてしまい、場合によっては職を失うという深刻な事態にもなりかねないのです。

そもそも、**請負**とは何なのでしょうか。請負とは、Aさんが B さんから頼まれた仕事を責任を持って完成させることを約束し、B さんが A さんにそれに報いるための報酬を支払うことを約束する契約のことをいいます。イメージとしては、あなたがマイホームの改築を工務店に依頼したときを想像すると、わかりやすいでしょう。工務店は依頼された工事を完成させることに責任を持ち、あなたはそのための対価を支払うことになります。

この場合のポイントは、**仕事を依頼した人は、仕事を請けた人が行なう作業について、**

その都度指示をすることはできないということです。工務店の例でいうと、自宅の改築を依頼した人は、現場で働く大工さんに直接指示をすることはできないのです。工務店は、依頼人と交わした請負契約に基づいて、自らの責任で仕事を完成させなければなりません。

これに対して雇用は、労働者が働くことを約束して、会社がそれに賃金を支払うことを約束する契約のことをいいます。普通に会社に勤めるサラリーマンやＯＬ、パートタイマーは、すべてこの雇用契約によって働いています。労働者は、会社の指揮命令に従って働かなければなりませんが、会社には雇用主としての重い責任があります。

派遣は、雇用主ではない派遣先が、派遣元と派遣契約を交わすことによって、派遣元から派遣される労働者に指揮命令することが認められる契約のことをいいます。派遣先は、契約している業務に関しては、派遣社員を自分が雇用する労働者と同じように使用することができます。ただし派遣契約を交わすためには、許可（届出）や、業種、派遣期間などの制限、定期報告の義務など、多くのルールに従う必要があります。

偽装請負とは、**本来は派遣契約によって派遣先が派遣元の労働者に仕事をしてもらうべきなのに、派遣元や派遣先が派遣契約に課せられたルールを守ることができない状況にあるため、形式だけは請負契約を交わしている**というのが、典型的なパターンです。

入社した会社とは別の会社で働くという場合、自分が派遣社員なのか、請負の会社の

派遣と請負の違い

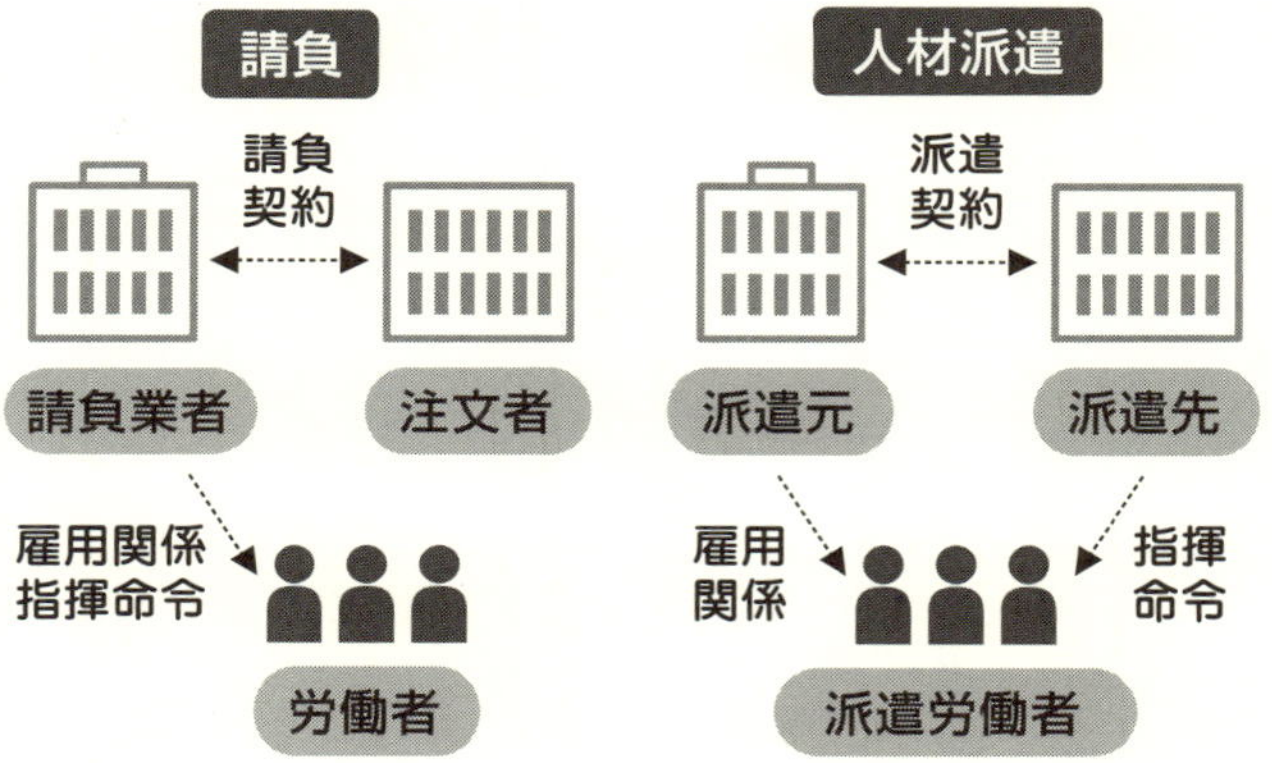

請負の定義

①仕事の完成が目的
②請負業者に裁量と責任がある
③請負業者が雇用する労働者を使用

派遣の定義

①派遣元と雇用関係がある
②派遣先で指示命令を受けて働く
③派遣先で雇用されることはない

一員として仕事をするのか、はっきり理解することが大切です。特に、請負なのに雇用されている会社以外から指示を受けている場合は、偽装請負の可能性が高いと思うべきです。

※「請負契約」：請負人が注文者に対し仕事の完成を約束し、注文者がその仕事の完成に対する報酬を支払うことを約束することによって成立する契約のこと

22

雇用保険の加入基準を知ろう —— 雇用保険法

「雇用保険の被保険者」

雇用保険は、失業したときの保険、育児休業・介護休業をとったときにハローワークからもらう給付、資格スクールなどに通うときに国から一定額がもらえる教育訓練給付金などを活用するための制度です。普段はあまりなじみのない仕組みかもしれませんが、転職や働き方を変える機会の多い派遣社員の人にとっては、いざというときに大切な役割を果たすものだといえます。

雇用保険には、もちろんフルタイムで働いている人は基本的にすべて加入します。労働日数や労働時間数が短い派遣社員の人でも、次の両方に当てはまる人は対象となります。

①同じ派遣元に6か月以上雇用される見込みがある人

②1週間の所定労働時間が20時間以上の人

たとえば、月曜日から金曜日まで勤務している人なら1日4時間働いたら、1日8時間勤務の人なら週に3日働いたら加入義務があるということですから、現実的には、派遣社員の人でもほとんどの人が当てはまることになります。

「6か月以上雇用される見込み」は、あくまで入社した段階での「見込み」ということですから、雇用契約自体は3か月という場合でも、自動更新の規定などがあって、大きな状況の変化がなければ6か月以上雇用されることが見込まれる場合には、要件を満たすことになります。

入社したときは条件に当てはまらなかった人が、契約更新などによって当てはまるようになったときは、当てはまるようになったときから雇用保険に加入することになります。

契約が更新されずに失業した時に基本手当（失業保険）をもらうためには、**過去1年の間に雇用保険に加入していた月（11日以上稼働した月）が、通算して6か月以上**なければなりません。

継続ではなく通算ですから、派遣先と派遣先との間が空いていても構いませんし、途中で派遣会社が変わっていても問題ありませんが、合計して6か月以上は雇用保険に加入している必要があるわけです。

また、個人の事情によって自己都合退職した場合は、過去2年の間に雇用保険に加入していた月が通算して12か月以上なければなりませんので、注意する必要があります。

なお、派遣元が、派遣社員に対して契約満了までに次の派遣就業を指示しない場合には、

●雇用保険の被保険者の種類

❶ 一般被保険者	❷〜❹ 以外の人
❷ 高年齢継続被保険者	同一の事業主の適用事業に被保険者として65歳に達した日前から引き続き雇用されている人
❸ 短期雇用特例被保険者	季節的に雇用される人または短期の雇用に就くことを常態とする人
❹ 日雇労働被保険者	被保険者である日雇労働者で日々雇用される人または30日以内の期間を定めて雇用される人

派遣社員が同じ派遣元での派遣就業を希望する場合を除いて、契約満了によって雇用保険は喪失扱いとなります。これは、２００９年３月31日からの変更点です。

23

社会保険の加入基準を知ろう――健康保険法

「社会保険の被保険者」

社会保険とは、**健康保険**と**厚生年金保険**のことです。健康保険は、病気や怪我をしたとき病院にかかる際の治療費や、治療のために長く会社を休まなければならなくなった際の所得保障などのための保険であり、厚生年金は、老後にもらう年金や、家族が亡くなって遺族になったり、障害を負ってしまったときに受ける年金のための保険です。

社会保険に加入すべきかどうかの判断は、**派遣社員の年齢、派遣期間（雇用期間）、労働時間・労働日数**の三つの点で決まります。

まず、年齢の要件は厚生年金のみにあります。厚生年金は、70歳以上になったら加入できません。健康保険は、何歳の人でも加入することができます。

派遣期間は、日雇の人や2か月以内の契約期間の人は、加入できません。日雇の人が1か月を超えたり、2か月以内の契約期間の人がその期間を超えて働く場合は、そのときから加入することになります。

労働時間・労働日数については、**1か月の所定労働日数の4分の3以上、1週間の所定労働時間の4分の3以上**の要件を両方満たす場合は、加入することになります。この所定労働日数と所定労働時間は、所属している派遣会社ではなく勤務している派遣先の事業所で判断します。

所定労働時間については、たとえば、週40時間、1日8時間という一般的な派遣先の場合は、1日6時間、1週30時間という勤務形態の派遣社員の人は、加入しなければならないという判断になります。

所定労働日数は、たとえば、派遣先の勤務カレンダー（所定労働日数）が1か月20日の場合なら、1か月15日以上という勤務形態の派遣社員の人には、加入義務があるということになります。

なお、ある派遣先で2か月以上勤務して社会保険に加入していた場合、その派遣先が期間満了となって次の派遣先で勤務するまでに期間が空いたときは、1か月以内に次の派遣先で雇用契約を結ぶ見込みがある場合には、空白期間もそのまま続けて社会保険に加入していくことになります。

こういった場合、次の派遣先で1か月以内に勤務するかどうかは第三者的には判断できないため、実務的にはあくまで派遣元の判断によって処理されることになります。

4章

「派遣元」との
トラブル解決実践編

1 トラブルに巻き込まれないための派遣会社選び

よい派遣会社には、よい派遣社員が集まってくる

派遣社員として働いて幸せになるためには、よい派遣会社に入社するのが一番です。派遣社員が実際に働くのは派遣先ですが、そうはいっても、派遣社員の命運を握っているのは、やはり派遣会社です。同じ派遣先で同じ仕事をしていても、どの派遣会社に所属しているのかによって、働く派遣社員のモチベーションはまったく変わってきます。

なぜ、同じ派遣先で同じ仕事をしているのに、働く派遣社員の意識が変わってくるのでしょうか。答えは、派遣社員の能力や意欲をいかに生かすかということは、すべて派遣会社にかかっているからです。**どの派遣会社で働くのかということは、ある意味ではどの派遣先で働くのかという問題以上に大切**なのです。

同じ派遣先で複数の派遣会社の派遣社員が働いていたとします。派遣会社Ａ社の時給は１５００円、派遣会社Ｂ社の時給は１４００円です。同じ仕事をしていて時給が１００円も高いのなら、絶対にＡ社で働きたいと思うでしょう。

でも、実際には、A社の派遣社員の定着度は低く、毎月のように人の出入りがあり、B社の派遣社員のモチベーションは高く、働くことを希望する人も殺到している、といった例がたくさん起こっています。ですから一概にA社のほうがよいと、いいきることはできません。

なぜ、こんなことが起こるのでしょうか。ひとつには、時給以外の交通費や手当や一時金、あるいは昇給や評価制度や福利厚生といったものが充実しているという要素がありま す。全体として働く側にメリットが感じられるのであれば、時給の高低だけで判断するのは躊躇するものです。

でも、これも本質的な要素ではありません。誰しも、潜在的に「**よい仲間たちと、よい環境で仕事がしたい**」という意識が必ずあります。こういった意識に派遣会社がどこまで応えようとしているのか。ここに、重要なポイントがあります。

よい派遣会社には、必ずよい派遣社員が集まってきます。この場合の「よい」というのは、必ずしも時給や待遇のことではありません。派遣社員にとって「よい仲間」が集ってくるような環境、これこそが、よい派遣会社です。

魅力のない派遣会社には、どれだけ時給が高くても人は集まらず、あるいはすぐに去っていってしまいます。

2

トラブルに巻き込まれないための派遣会社選び

派遣会社を見極めるならこのひと言

待遇自体は他社と遜色がないのに、毎月のように派遣社員が辞めてしまい、ほとんど定着することがないという派遣会社があります。こんな会社には、必ずそれなりの理由があります。その多くは労務問題であることはこれから触れていきますが、難しいのは表面的に見ただけでは実態がわからないところです。そのため、入社してから「こんなはずではなかった」という声が聞かれることになります。

派遣社員として、会社とのトラブルに巻き込まれるのを避けるためには、入口の段階でしっかりと判断しておくのが一番です。登録時や入社時には必ず面談の機会がありますが、まずはこれを単なる面接とは考えずに、自分が会社を「逆面接」するという意識を持ってその場に臨むべきです。

正社員でもパートでも採用時には必ず面接がありますが、派遣会社が派遣社員を採用するときの面接は、少し位置づけが異なります。同じ採用選考とはいっても、派遣の場合は実際に働く会社が別なので、派遣会社としても応募者の適性や人格をしっかりと考慮するとはいえないケースがあります。

派遣会社の場合、派遣社員を「仲間」とは見なさずに、売上に貢献してくれる「よそ者」ととらえてしまう傾向があるのです。悪質な派遣会社だと、もろに派遣社員を「もの」や「数字」のように扱うことすらあります。自分のことを対等の人間、対等の仲間だと扱ってくれない会社に所属して、納得のいく仕事ができるわけがありません。

面接で派遣会社を見極めたいのなら、まずは次のひと言を担当者にぶつけてみましょう。

「私は、この（派遣の）仕事にしっかり取り組むことで、○○という目標に向けて頑張っていきたいと思っています。そのために、人一倍、仕事には情熱を持ってやっていくつもりです。こんな私のことを、前向きに理解して（バックアップして）くださいますか」

面接で仕事以外の個人の夢や目標を語ることには抵抗があるかもしれませんが、派遣社員として働く場合には、むしろそのくらいでちょうどよいと思います。派遣という働き方が短期的、一時的なものであることは、担当者はだれよりもよく知っているからです。

よい派遣会社のよい担当者なら、必ず個人の目標やキャリア形成についても親身になって耳を傾けてくれます。そのときは、遠慮なくありのままの自分の希望をぶつけてみることです。そうでない派遣会社なら、この手の話題は完全にシャットアウトしたがります。

3

「二重派遣」のトラブル・ストーリー

「二重派遣」をめぐるトラブルの実態

「二重派遣」とは、**派遣元から派遣先に派遣された派遣社員が、派遣先からさらに別の会社に向けて派遣されること**をいいます。「あの派遣先でこんな仕事をしてもらいます」と約束されて派遣会社に入社したのに、実際に勤務するのはまったく別の会社だということになれば大混乱してしまいますから、もちろん、このような働き方は許されていません。

派遣社員として働くことができるのは、派遣元に直接雇用された労働者にかぎられるというのが、派遣法で決められたルールです。派遣元が雇用しない人を派遣社員にすることは、絶対に認められません。二重派遣の場合は、派遣社員を受け入れた派遣先は、その派遣社員を雇用していないのに、別の会社に向けて派遣するわけですから、真っ向からこのルールに反するのです。

二重派遣をめぐるトラブルには、次のようなパターンがあります。

①日雇派遣型の二重派遣

いわゆる日雇派遣の形をとっているもので、集合場所やクルマの中で行き先を告げられないと、その日の就業場所や作業内容がわからず、所属している会社からいったん別の派遣会社を経由して、派遣先に紹介されるといったパターンです。これからは日雇派遣自体に規制がかかるので、このタイプのトラブルは減ってくるものと思われます。

②偽装請負型の二重派遣

製造業やシステム開発などで、請負社員として仕事をしていたつもりが、実態は偽装請負だったために、結果として二重派遣の状態に陥っているというものです。このタイプは、労働者からの苦情というよりは、会社に対する行政の調査などによって発覚するケースが多いのが特徴です。

③出向型の二重派遣

出向契約を結んだ出向社員だったつもりが、出向契約自体が偽装だったことが発覚して、二重派遣に問われるケースです。少し前までは、大手メーカーでもこのパターンが頻発していました。

二重派遣の構図

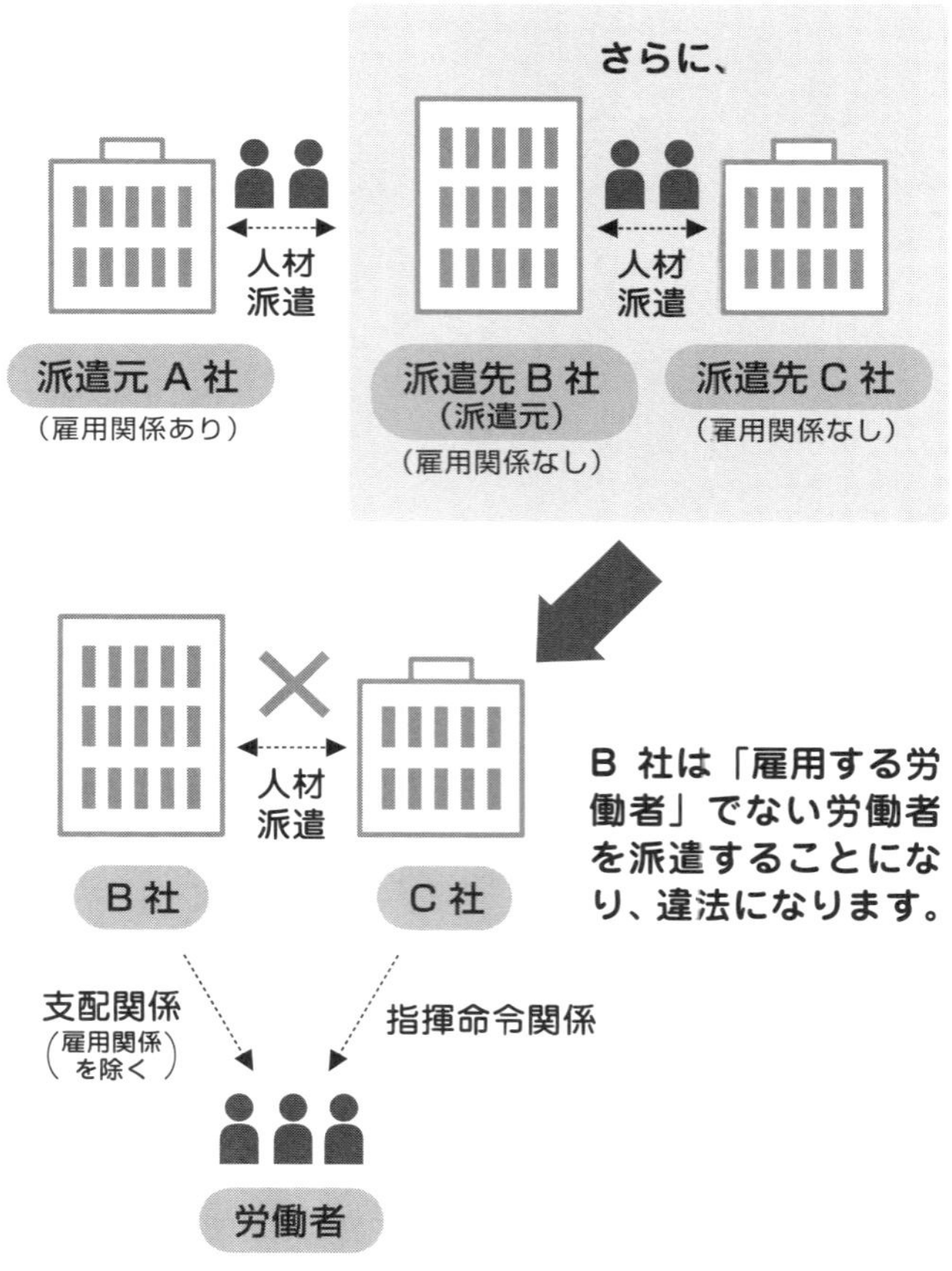
さらに、
人材派遣
人材派遣
派遣元 A 社
（雇用関係あり）
派遣先 B 社
（派遣元）
（雇用関係なし）
派遣先 C 社
（雇用関係なし）
人材派遣
B 社
C 社
B 社は「雇用する労働者」でない労働者を派遣することになり、違法になります。
支配関係
（雇用関係を除く）
指揮命令関係
労働者

4

「二重派遣」のトラブル・ストーリー

行き先のない派遣契約の結末は

立花雅彦さん（32歳）は、大学を卒業してからずっとプログラマーとして働いてきましたが、今年の春から東京港区のシステム会社に転職し、SEとして仕事を始めました。会社名はミナトシステム。大手の電機メーカーの工場内で稼働している制御システムのプログラムの設計、開発を行なっています。

立花さんの仕事は、主にメーカーの開発室内に常駐してのプログラムの構築、検査の業務です。10年近くの経験を生かしてSEの仕事に従事できているので、今の職場での業務にはとても満足しています。会社との間に特にトラブルもなく、日々の仕事に充実した毎日を送っていました。

そんな中、立花さんが働いている電機メーカーに労働基準監督署の調査が入ります。監督署の調査にも、数年ごとに定期的に行なわれるものから労働者などからの申告によるものまで、いろいろな種類がありますが、今回は申告による調査でした。

2人1組で会社を訪問した監督官の1人は、メーカーの責任者に対して、口頭で次のように指導したそうです。

「このシステム企画室の中には、ミナトシステムほか数社の会社から派遣されている労働者が勤務していますが、今の勤務状態は二重派遣である疑いが高いので、契約形態を見直し、労務管理の状況を改めるなど、必要な改善を行なうようにしてもらう必要がありますね」

監督官のこの言葉を受けたメーカーの担当者は「二重派遣」という言葉に敏感に反応し、すぐに取引会社を介してミナトシステムの社長にも確認の連絡を入れます。この内容は、後ほど社長を通じて立花さんも知るところになります。

開発室内には立花さんと同じような立場で働いている人が何人かいましたが、そのうちの1人が匿名で監督署に申告をしていたのです。内容は、毎月かなりの残業を行なっていたにもかかわらず、それに見合った残業代を支払われていないというものでした。申告を受けた監督署は、実際の就業場所でありタイムカードも設置されていたメーカーの開発室に調査に入ったわけです。

実態を伴う出向なのか?

この申告をした労働者は立花さんとは別の会社に所属していましたが、契約や就業の形態は、ミナトシステムとメーカーとの関係とほぼ同様でした。そのため、メーカーの担当者は、ミナトシステム以下、関係する会社の責任者を集め、今後は二重派遣と疑われるような状態にならないよう改善してもらいたいと要望します。

今回、監督署に申告した労働者の件は、そのシステム会社が未払いの残業代を支払うことで解決しましたが、二重派遣の疑いが指摘された会社の間では、かなりの不安がつきまといます。おりしも、二重派遣による派遣会社の摘発のニュースが、毎日のようにマスコミを賑わせていた時期でした。

立花さん自身も「うちの会社が二重派遣なんて」という疑問を抱き、意を決して、機会を見つけて社長に次のような言葉をぶつけました。

「うちの会社が二重派遣をやっていると聞きましたが、実際のところはどうなんですか。安心して働けるように、一度しっかり説明してほしいのですけど」

それに対する社長の答えは、今は余裕がないので時間がとれないが、そのうち機会をつくるというものでした。

ミナトシステムは、同業者であり社長同士が懇意にしているあおぞらシステムという会社に社員を出向させており、あおぞらシステムの一員としてメーカーのシステム開発室に出向いて勤務していました。監督署に申告した労働者が所属する会社も、同じようにあおぞらシステムに社員を出向させています。

今回、二重派遣の疑いが指摘されたのは、ミナトシステムとあおぞらシステムとの間の出向が形式だけの出向であり、実態が伴うものではないという判断によります。出向が認められるためには、資本関係や技術提携や人事交流などの関係がある関連会社である必要がありますが、両社は社長同士が懇意にしてはいるものの、関連会社ではありませんでした。

監督署も、通常であればこのあたりの事情までを把握するのは困難なはずですが、同じ時期に別の件であおぞらシステムにも調査に入っており、同社の資料を精査していたことから、形式的な出向契約の実態を見抜いていたようです。ただ、未払い残業代の件は早期に決着が着いたため、今回はそれ以上には踏み込まなかったのです。

その後も、社長からはこの件についていっさい話がないまま時が過ぎます。立花さんも、日々の多忙に任せて次第に考えることが少なくなっていきました。

派遣先から出向を指示される

それから半年ほどたったある日、立花さんはメーカー側の職場の上司から相談があるから別室に来るようにと指示されます。初めて通された会議室のソファーに座ると、上司からは次のような話が切り出されました。

「来春からは、埼玉の関連会社の開発室のほうにいってもらいたい。仕事の内容は、今やってもらっていることと、ほとんど同じだが、新しいメンバーのとりまとめの役をしてもらうことになると思う。あなたのようなスキルを持った人を求めているので、とりあえず1年ほど、うちからの出向という形でお願いできると助かるよ」

このメーカーは埼玉県にも工場を持っており、本社と連携した事業を展開しています。その開発室での業務をこれから拡充していくのに、確かなスキルを持つ立花さんの力を借りたいというのです。埼玉の工場は別法人の子会社なので、出向扱いにしたらどうかというのが、会社の考えなのでした。

あまりに唐突な話に困惑した立花さんは、まごつきながら聞き返します。

「いや、突然のことで、何ともいえないのですが。私が、埼玉の会社に出向ですか。ちょっと、話の流れがわからないのですが」

「悪いようにはしないので、そんなに悩むことはないよ。君なら、埼玉でもきっと頑張ってくれるだろう」

上司はまったく悪びれた様子もなく、淡々と言葉を発します。

「いや、私が急に出向、それも埼玉に。意味がわからないですよ。とりあえず、会社（ミナトシステム）に確認させてください」

立花さんがミナトシステムに雇用された労働者である以上、この言い分はもっともです。立花さんは、ミナトシステムに雇用され、あおぞらシステムに派遣（あるいは出向）されている労働者です。その就業場所がこの開発室だということなので（このこと自体はもちろん問題なのですが）、本来はメーカー側の上司は立花さんに直接指示をする立場にはないはずです。ましてや、子会社に出向せよといった人事権を発動してくる根拠はまったくないといえるでしょう。

「わかった。それでは、しばらく考えておいてもらいたい」

いぶかしそうな顔をした上司はこういって立ち去り、この件はしばらく時間をおいて話をするということになりました。立花さんとしては、とても不安の残る展開です。

自分が所属する会社からの頼りない回答

その日の業務が終わってすぐにミナトシステムに電話を入れ、ことのなりゆきを確認すると、担当者も社長もこの件はまったく寝耳に水だったようです。しかし、「開発室の現場のことはよくわからないから、メーカーさんとしっかり話し合って決めたらどうか」といわれてしまいます。

気になった立花さんは強引にアポを取りつけ、ミナトシステムの事務所を訪れます。社長は、なぜこんな件でわざわざ来たのかという表情で、次のようにいいました。

「立花君はあおぞらシステムのところに出向しているのだから、そこでの仕事について私が口を挟むつもりはないよ。君は現場でも認められているそうだから、今回の話はむしろいいことじゃないか」

「それでは、今は、私はミナトシステムの一員ではないということなのですか」

「まあ出向ということだから、いずれはまた戻ってきたらいいじゃないか」

自分がミナトシステムの一員であることに疑問を持っていなかった立花さんは、社長の態度に苛立ちが隠せません。自分がいったいどういう立場にあるのか、ますます不安になってきます。

「出向ということは、私はきちんとお聞きしたことがないのですが」

「とりあえず、うちからあおぞらシステムに出向するということで契約書はつくってあるし、君にも話はしてあっただろう」

社長としては、この出向のことは口頭で説明しており、納得してもらっているはずだというのです。

「みんな同じように説明して、納得してもらっているのだから、問題はないだろう。万が一にも君の待遇が悪くなったり、働きにくくなるようなことがないよう、私が責任を持って先方にいっておくから、それでいいだろう」

社長の半ば強引な物言いに、押し切られてしまいました。決して納得したわけではありませんでしたが、社長のペースを止める言葉は続きません。無念の思いは抑えて、いったん引きあげて、もう一度冷静に考えてみることにしました。

会社から会社への出向は、会社同士が契約書を交わせば自由に成り立つというものではなく、もちろん、あらかじめ労働条件の変更として労働者に説明しなければなりません。特に、所属している会社から他の会社に籍が移る移籍出向の場合には、働く本人の同意なしには出向自体が成立しません。

ミナトシステムに入社した立花さんがあおぞらシステムに出向し、さらにメーカーの開発室で勤務しているというのですから、普通に考えれば立花さんはミナトシステムからあおぞらシステムに籍を移したとみるのが妥当でしょう。そうであるならば、立花さん本人の同意なしに出向が成立するということは、考えられません。

立花さんがミナトシステムに入社したときにもらった書類は、1枚の雇入通知書だけでした。これも、就業場所が「あおぞらシステム事業所内」となっており、今になってみれば、かなり曖昧な内容のものです。それ以降、何も通知などはもらっていません。立花さんの頭の中が疑問でいっぱいになるのも、無理からぬことでしょう。

釈然としないまま好条件の出向を受け入れたら……

少し経って、また開発室の上司から呼び出しがあります。とても出向を前向きに考えられる気持ちではないものの、断るわけにもいかず話し合いに応じました。新たな勤務先での仕事や立花さんに対する期待について丁寧に述べた後、その上司は次のようにいいます。

「出向は1年契約で、1年後にはここに戻ってきてもらうことを約束する。職場が少し遠くなるから、出勤は1時間くらいなら、フレックスタイム制でかまわない。出向期間中は、交通費とは別に、特別に月額3万円の出向手当を支給する。この条件で、引き受けてくれないだろうか」

上司の説明が丁寧で紳士的なものだったので、思わず頷いて聞いてしまう立花さんでした。決して納得するわけではありませんでしたが、必ずしも自分にとって悪い条件ではないのではと思えてきました。

「きちんと考えたいので、2、3日時間をください」

そう答えた立花さんでしたが、迷った末に、週明けには了解の意思を伝えました。釈然としない部分もありましたが、条件的には悪くはなく、ミナトシステムの社長も頼りがたい態度である以上、今のところはやむをえないというのが、彼の判断でした。

翌春から埼玉工場の勤務となった立花さんは、組織が新たになった開発室のグループリーダー的な立場で業務を任され、職場の誰よりも熱心に仕事に打ち込みます。もともと高いスキルが見込まれて新天地入りした立花さんですから、すぐに職場の仲間たちの信頼を集めるようになります。

ただ、持ち前の真面目な性格もあって、埼玉に行ってからの立花さんは、明らかにオーバーワークでした。連日連夜、終電帰りが常態化し、会社で一晩を明かすような日も出てきます。それでいて、職場の誰よりもスキルを求められる仕事をしているのですから、身体に異変が起こらないほうがおかしいといえます。周囲からも、「少しは休んだほうがいいよ」という心配の声が聞こえてきました。

不幸にして周りの不安の声が的中してしまい、ある真夏の朝、立花さんは突然、職場で倒れてしまいます。過労の蓄積が原因での軽い脳血管障害でした。すぐに病院に運ばれたこともあり、幸いにして間もなく病状は快方に向かいますが、約1か月の安静が必要となりました。

「二重派遣」では労災の手続きがスムーズにいかない

無事に職場復帰した立花さんは、もともと働き方に不安を抱えていたこともあり、会社に対して少し距離を置くようになります。まず、会社に求めたのが、今回の入院費用や療養中の補償について、労災保険の手続きの依頼です。

勤務中に発病して倒れたとしても、その原因が仕事上のことでない場合は、労災扱いになるとは限りませんが、時間外労働が月あたり80時間、あるいは100時間を超えるような場合には、業務との関連性が高いというのが、今の行政の考え方です。立花さんの場合は、100時間をはるかに超える時間外労働がありましたから、労災と認定される可能性が極めて高い状況にありました。

しかし、会社の回答は「派遣社員である立花さんの労災手続きは、当社ではできない」というものでした。ミナトシステムも、見舞金での解決を求めてきます。

身体を壊してまで仕事に打ち込んだ自分に対するあまりに心ない回答に、立花さんは怒りを覚えます。覚悟を決めて専門家のアドバイスを求め、行政の窓口へ相談を持ちかけました。ここで発覚したのは、立花さんの労働保険は依然としてミナトシステムで加入していること、そして、各会社間の出向契約は正式には結ばれていなかったことです。

つまり、ミナトシステムとあおぞらシステムとの間でも、あおぞらシステムとメーカーとの間でも、出向契約が有効に成立しているとは認められず、実質的には派遣の関係にあったわけです。二重派遣の状態にあったことによって、いざ労災保険を請求しようとしても、すぐには手続きがとれなかったのです。

結局、メーカー側の親会社、子会社、ミナトシステム、あおぞらシステムの各社が、行政から調査の対象となり、二重派遣の実態について厳しい勧告を受けます。各社の間での形式的な出向関係は改善され、移籍を希望する人については実際に勤務する会社へ直接雇用の形で移ることになりました。

労災についても、結果的には立花さんの訴えが認められ、無事に認定されることになりました。何とか、自分の主張が受け入れられた立花さんでしたが、詰めの甘さと押しに弱い性格を悔やんでいます。

この事件を機に、完全にメーカー側に移籍して社員として勤務することになりましたが、「行き先のない派遣（出向）契約」の怖さをしっかりと自覚するよう、同じ業界の仲間たちにも注意を呼び掛けています。

派遣と出向との違い

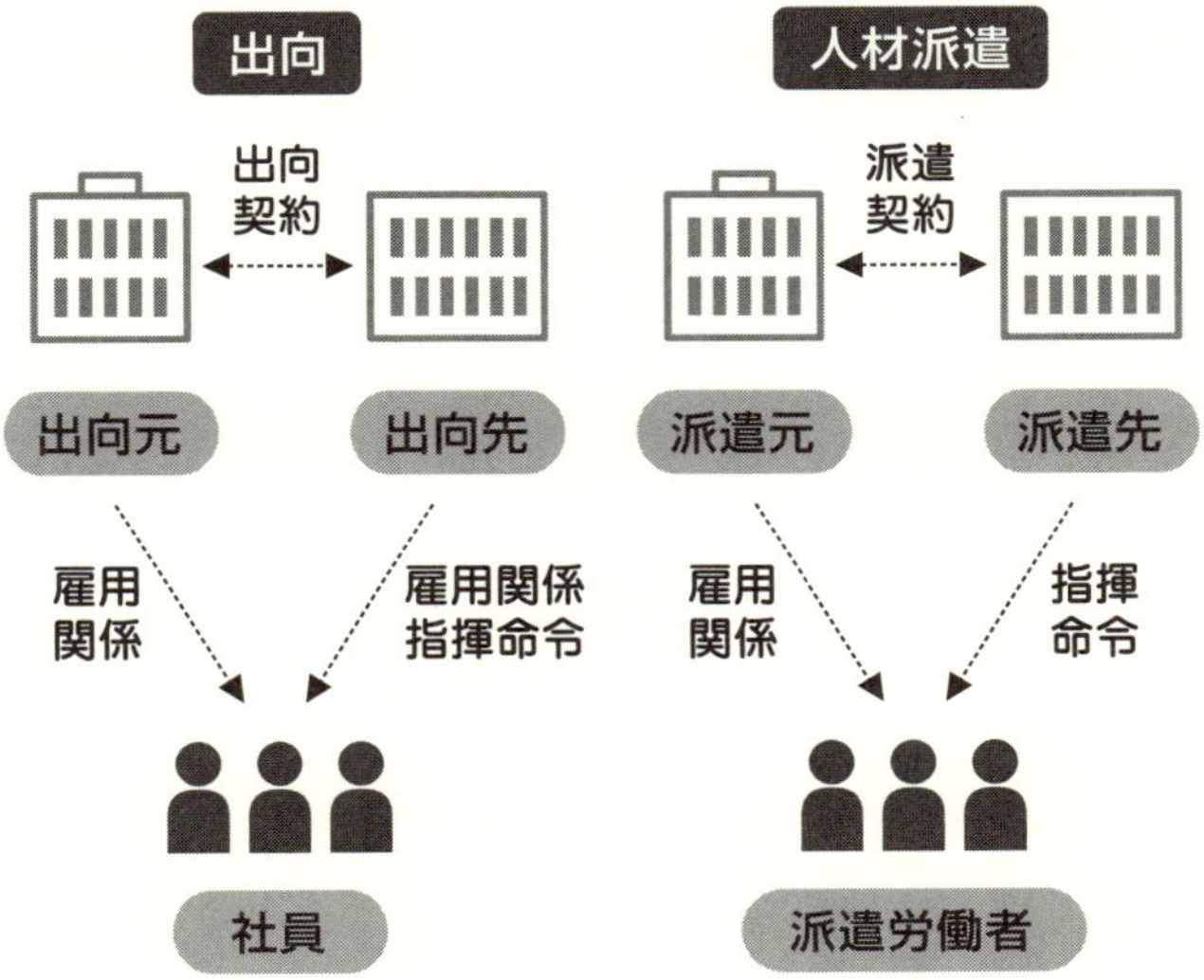

関連会社への出向は労働者派遣でも、労働者供給事業でもありません。規制する法律はなく、経済界で自由に行なわれています。

「二重派遣」のトラブル・ストーリー

トラブル解決のためのワンポイントアドバイス❶

立花さんをめぐる二重派遣のトラブルのポイントは、三つあります。

①二重派遣の疑いが指摘されていたのに、会社の認識を聞くことができなかったこと
②大きな疑問を持ちつつも、メーカーから子会社への出向に応じたこと
③そもそも、派遣と出向との違いをしっかり認識できていなかったこと

まず、行政から二重派遣の疑いがあると指摘された場合には、自分自身の雇用契約上の位置づけを確認した上で、会社の認識を聞くことが第一です。

二重派遣は、三つ以上の会社が関わることで発生します。この会社間での関係が、派遣→派遣→派遣というのは、絶対にありえません。出向→出向→出向というのも、移籍出向でない限りは現実的ではありません。入社した会社から派遣されたり出向する場合は、その派遣先や出向先の会社から、さらに派遣されたり出向することはできないのです。

これを確認する上で大切なのは、雇入通知書や就業条件明示書などによって自分の位置

づけを認識することと、会社がどのように考え、労働者に対してどのような言動をとっているかを見極めることです。

立花さんがメーカーから子会社に移ることに慎重だったことは評価できますが、最終的に手当の支給やフレックスタイム制の提案を受けてしまったことは、やはり早計だったといえます。そもそも、子会社への出向の打診自体に疑問があるわけですから、最後までそのことをはっきりさせる努力を尽くすべきです。職場の上司とはいえ、労働条件が変更されるという申し出があったときの対応には、遠慮や躊躇はいっさい無用なはずです。

そして、このケースの最大のポイントになるのが、**派遣と出向との違いをしっかり認識する**ということです。出向は、子会社、関連会社などの資本関係のある会社間や、技術提携、人事交流などの密接な関係を恒常的に築いている会社間でしか、認められません。また、営利目的の出向は、いっさい成立しません。これらは、たとえ形式が出向であっとしても、実質は派遣だとみなされることになります。

出向命令書や出向通知書が交付されておらず、会社に質問しても具体的な説明が返ってこないような場合は、ほぼ偽装的な出向だとみても間違いはないでしょう。このようなケースで3社以上の会社が関わると、二重派遣の問題へと発展する可能性が高いため、十分に注意を払う必要があるのです。

6

「偽装請負」のトラブル・ストーリー

「偽装請負」をめぐるトラブルの実態

会社と会社とが請負契約を交わして仕事をするためには、守らなければならない多くのルールがありますが、それらを守ることができないとき、「偽装請負」が発生することになります。偽装請負の多くは、本来は派遣契約によって仕事を行なうべきなのに、何らかの事情で派遣契約を交わすことができないことから起こっています。

偽装請負の状態の職場で働くと、**仕事上で怪我や病気にあったときの補償に支障が生じたり、派遣法で認められない業務や認められた期間を超えて派遣されたような場合には、結果として職場が奪われてしまう可能性がある**など、大きなリスクがあります。

偽装請負をめぐるトラブルには、次のようなパターンがあります。

①派遣の許認可がないことによる偽装請負

派遣業の許可を持っていない会社が請負契約の名のもとに実質的な派遣を行なう場合に

は、偽装請負の状況に陥ってしまいます。偽装請負の中でも最も悪質なケースなので、このような疑いが持たれる請負会社には十分に注意する必要があります。

②派遣先（発注者）の事情による偽装請負

メーカーなどの発注者が、重い責任を負う派遣契約を嫌い、請負契約のもとに取引がなされる場合がありますが、発注者の思惑が優先されるあまりに偽装請負になりがちです。このような場合は、労災の発生などによって発覚するケースが多いのが特徴です。

③派遣禁止業務への偽装請負

建設業や港湾運送などの派遣の禁止業務では、請負契約によって業務処理を行なうのが通常ですが、現場の発注者から直接指示があるような場合は、偽装請負である可能性が高くなります。これらの業種では、日雇派遣をめぐるトラブルも多発しました。

④派遣期間を超えた偽装請負

製造職、営業職、販売職など、派遣期間に制限のある業務で期間が満了した後、請負契約に切り替えるケースがありますが、人数の少ない事業所では偽装請負になりがちです。

7

「偽装請負」のトラブル・ストーリー

「正社員雇用」の虚像と実像

このところの景気の低迷は、就職市場にも大きな影響を与えています。転職先を探そうとしても、目にとまるのは派遣やパート、アルバイトなどの非正規社員の求人ばかりで、正社員の募集はかなり少ないのが実態です。それでも、自分で独立して生計を立てていく立場からすれば、いつまでも派遣やアルバイトを続けていくわけにもいかず、やはり多少無理をしてでも正社員の就職先を探さなければなりません。

佐久間浩介さん（26歳）も、その一人でした。高校を卒業してから、しばらくはコンビニやガソリンスタンドでアルバイトをしてきましたが、2年ほど前からは友人のすすめで派遣社員として自動車関係の工場で働いていました。しかし、この仕事も不況のあおりで打ち切りとなり、期間満了で退職することになります。

自分でアパートを借りて生活しており、数年後には結婚も考えたいと思っている佐久間さんとしては、以前のようなアルバイトや派遣ではもう働けないというのが、素直な気持ちでした。それで、正社員の求人に絞って約3か月、就職活動を続けましたが、一向に採用が決まりません。

以前であれば1か月もあれば次の仕事が見つかりましたが、いくら正社員志望とはいえ、今回はまったくそんな手応えがつかめません。求人に応募しても、まず書類選考の段階でつまずいてしまい、運よく面接にこぎつけたとしても、派遣とアルバイト経験しかない経歴を問題にされ、なかなか前向きな評価はしてもらえなかったのです。

すっかり意気消沈してしまった佐久間さんでしたが、少し明るい兆しが見えてきます。あけぼのサポートという自動車メーカー関連工場での求人募集に応募したところ、なんとか面接のチャンスを得ることができたのです。電話口で話した会社の担当者の人の印象にも好感が持てたので、期待に胸をふくらませて面接に臨みました。

面接は勤務先の工場の二階にある事務所の応接室で、現場の課長と人事担当者の二名によって行なわれました。佐久間さんが簡単に自己紹介すると、相手方は終始にこやかに対応してくれました。真面目な性格で、同じ系列の工場での勤務経験もある佐久間さんのことを、それなりに前向きに評価してくれている様子でした。

前職での仕事内容や退職の理由を聞かれ、いよいよ待遇の話になります。佐久間さんにとっては、もちろん最も気になるところです。

半年後の正社員登用を約束される

「まず6か月間は研修期間として、日給で働いてもらいます。その後は、問題がなければ本採用なので、条件はこの通りになります」

人事の担当者が、手元の資料を示しながら説明します。そこには等級表とそれに対応する給料の金額が書かれてありました。さすが、派遣会社とは違って、きちんとした会社はしっかりしているなという印象です。

「半年間頑張って、問題なければ社員になれるのですか」

佐久間さんは、思い切って尋ねます。

「もちろん、しっかり現場の戦力になってもらうことが前提ですが、今までに健康上の問題以外で本採用されなかった人は、あまりいないですね」

佐久間さんは、期待を胸に結果を出るのを待ちます。ちょうど1週間経って、面接の結果の連絡がありました。結果はもちろん採用です。

新たな就職先は、毎月の給料などの条件は今までの派遣社員時代とほぼ同じでしたが、半年後には正社員になれるという職場に採用が決まったことは、佐久間さんにとって何よりの喜びでした。この喜びを糧に、仕事で力を発揮することを誓います。

簡単なオリエンテーションを経て、工場で勤務してみると、職場の雰囲気は前職の派遣社員の時代に経験したものとそれほど変わりませんでした。作業内容こそ自動車のドアの加工から内装部品の加工に変わりましたが、同じ系列の工場だったこともあって、ラインでの勤務形態や工場の様子はほとんど同じです。

仕事自体は嫌いな作業ではなかったこともあって、それほど大きな負担感もなく、1か月もするとすっかり業務にも慣れてきました。佐久間さんにとっては、やっと落ち着いた生活ができることに、ささやかな安堵を覚えます。とにかく、それなりに安定した仕事で、人並みの人生設計を立てることが、最優先のテーマなのでした。

落ち着いた職場で、日々の仕事にも自分なりの充実感を覚えていた佐久間さんでしたが、入社して2か月ほど経ったある日、職場に異変が起こります。同じラインで毎日顔を合わせていた同僚が、会社とトラブルを起こしたのです。1歳年下の同僚は、年齢が近いこともあって、職場では親しくしていた間柄でした。

その同僚は、作業内容が変更された、職場の上司から執拗に叱責された、残業が急激に増えてきたなど、会社への不満が鬱積していたことから、地元の労働組合に加入します。知り合いに相談したところ、役所の相談窓口に行くよりも労働組合に入ったほうが話が早いというアドバイスを受けたようです。

その労働組合は、労働者であれば誰でも入れる典型的な地域労働組合でしたが、地元では強硬な手法を用いることで有名でした。そのこともあって、会社には毎日のように脅迫めいた口調の電話がかかり、威嚇するような内容の文章も何通も届きます。その混乱ぶりは、ラインで働いている佐久間さんにも間接的に伝わってくるほどでした。

労働組合の主張は、「あけぼのサポートの工場勤務の労働者は、偽装請負の状態で働いているから、ただちにこの状態を改善し、労働者をメーカー側に直接雇用させること」というものでした。

あけぼのサポートでは、メーカーの工場のラインの一角を借りる形で業務を行なっています。このメーカーでは、いくつかの下請会社を構内下請の形で自社の工場内に抱えていますが、あけぼのサポートもその中の1社なのでした。

請負契約は法律で認められた契約のひとつですから、会社同士がきちんとした請負契約を交わして、その内容を正確に実行していれば、基本的には何の問題もありません。ただし、実際には派遣契約の状態にあるにもかかわらず、契約の形式だけは請負契約にしている違法なケースが頻発しているため、国は一定の基準を設けてそういった偽装請負を取り締まっているのです。

「派遣」と「請負」の違いとは？

派遣と請負とを区分する基準では、大きく分けると、請負は①労働者を直接利用すること、②相手方から独立して業務処理を行なうこと、という二つの要件が挙げられています。

①は、労働者の業務の遂行や労働時間の管理、秩序維持を自社で直接行なわなければならないという内容、②は、資金や設備の調達を自社で行ない、事業主としてのすべての責任を負わなければならないという内容です。これらの基準にひとつでも反すると、偽装請負だと判断されるという厳しい基準です。

あけぼのサポートでは、資金や設備といった②の要件は完全に満たしていましたが、①の要件のうち、業務遂行の指示や労働時間の管理の一部はメーカー側の責任者がしていたため、偽装請負である疑いが濃厚だということになったのです。

現場では、派遣とか請負といったことが特に話題になったことはなく、ましてや偽装請負が起こっているという意識を持つ人はいませんでした。佐久間さん自身も、自分が働いている職場が違法な状態にあるとは、想像したことすらありません。

しかし実際には、あけぼのサポートはメーカー内の事業所に管理者を置いてはいたものの、常駐してすべての業務について指揮命令しているわけではなく、技術的な指導や業務量の増加・減少に伴う指示などは、メーカー側の係長によってなされていました。自社の管理者が現場でしていたのは、勤怠管理と朝礼の実施、メーカー側との連絡調整といった業務のみというのが現実なのでした。

こういった実態を見る限りでは、あけぼのサポートの業務処理の方法は偽装請負の疑いが強いという指摘を受けても、やむをえないということができるでしょう。

労働組合に加入した同僚は、会社が偽装請負の疑いが強い状態にあることを知ると、その件について労働局への申告を行ないます。ちょうどその頃、偽装請負撲滅のキャンペーンを行なっていた時期だということもあり、労働局の担当者の関心も高く、早々にメーカーとあけぼのサポートに調査が入ることになりました。

労働局から「偽装請負」についての質問を受ける

調査に訪れた労働局の担当官は、事務所で契約書や雇用関係の書類を確認し、工場の責任者から説明を受けた後、現場のラインにも足を運びます。あけぼのサポートが担当するラインにも担当官が訪れ、佐久間さんたちにも簡単な質問を投げかけます。

「この職場のことについて聞きたいのですが、ここの部署では、普段の業務の指示は誰から受けていますか」

「いや、それはうちの上司からですね」

「いろいろとお話を聞いていると、メーカー側の係長から日々の指示を受けているようなのですが、実際はどうなのでしょうか」

「えーと、全部というわけではないですけど……」

「メーカー側からは、どんな指示を受けているのですか」

「技術的な話とか生産増とかの指示ですね」

「なるほど。そういった内容は、メーカー側から直接指示を受けているのですね」

「まあ、そうですね」

不意の質問に戸惑いもありましたが、ありのままに思うところを答えました。

ひと通りの調査を終えると、労働局は会社に是正指導を出します。内容は、「偽装請負の実態を改め、適正な派遣か適正な請負に改めること」というものです。会社側は、3か月の期間内に結論を出すことを求められました。

これ以降しばらくは、会議室では毎日のようにこの件について話し合いが続きました。佐久間さんも、自分たちが関わった調査で会社がもめているのではないかと思い、少し不安になってきます。

そんな中、労働組合からは、組合員になっていた同僚をメーカー側が直接雇用することを求める団体交渉の申し入れがあります。なぜ、このような主張をしたかといえば、派遣社員を一定の期間以上受け入れた派遣先には、派遣社員に直接雇用の申し込みをしなければならない義務が発生するからです。

製造業など派遣期間の制限がある業務では、派遣期間の抵触日（派遣が可能な期間が満了して派遣ができなくなる最初の日）が到来して以降、派遣社員が派遣先に直接雇用されることを希望し、派遣先も引き続きその派遣社員を使用したい場合には、派遣先は派遣社員に直接雇用の申し込みをしなければなりません。

製造業では最大3年までの派遣が認められていますが、あけぼののサポートでは5年以上も前から同じラインで構内下請の業務を行なっています。それが偽装請負の状態にあったわけですから、すでに3年以上同じ部署で勤務していた同僚については、メーカー側が直接雇用する必要があるというのが、労働組合の言い分なのでした。

請負の適正化が進められる

このような主張を強硬にぶつける組合側の圧力もあって、メーカー側はついに同僚を直接雇用することに同意します。雇用条件は正社員ではなく、6か月契約の期間工でしたが、必要に応じて契約期間を更新し、一定の条件を満たした場合には正社員への登用試験が受けられるというものでした。

同僚は渋々ながらもこの条件を受け入れ、メーカー側に期間工として直接雇用されることになります。また、同時に同僚の呼びかけに応じる形で、同じ状況にあった職場の仲間数人も、メーカー側に直接雇用されることを求め始めます。

このような流れに危機感を抱いたメーカー側とあけぼのサポートは、申し合わせた上で労働組合と協議の場を持ち、直接雇用を求める労働者の希望をできるかぎり尊重すること、早急に偽装請負の状態にあるラインの適正化をはかることを条件に和解をはかります。

労働局にも請負作業を適正化するための計画書を提出し、担当官の理解を求めます。3か月以内に適正な請負の状態にするための現場の改善を行ない、それができない作業については直接雇用へ切り替えることで関係者の合意を得ることになりました。

少したって、あけぼのサポート所属の労働者が集められ、今回のいきさつの簡単な経緯と、今後、適正な請負に向けて取り組むための注意点について説明があります。ただ、今後の仕事については、まったく変わるところはないので、心配する必要がないという点が強調されました。

あるラインの仕事はなくなるらしいといった噂も飛び交い、佐久間さんたちも動揺が隠せない思いでしたが、今は会社の説明を信じるしかないと自分に言い聞かせながら、毎日の仕事に向き合うことが、自分にできる精一杯の努力でした。

面接のときの話と違う……

さらに1か月ほどたったある日の朝、佐久間さんは会社の上司から事務所の会議室に来るように呼び出しがかかります。約束の時間に会議室に行くと、直属の上司と管理部の課長が待ち構えていました。日ごろの仕事について労いの言葉があり、しばしの雑談があった後、課長から本論が切り出されます。

「来月いっぱいで今の仕事は契約満了ということで、よろしくお願いしたい」

佐久間さんとしては、耳を疑うような言葉でした。

「えっ、それは来月で解雇ということですか?」

と思わず食い下がりますが、会社としては今の現場の状況からしてやむをえない判断であること、6か月間の雇用契約の期間満了であって解雇ではないとの説明が淡々とされるだけで、その場で何を聞いてもまともには掛け合ってもらえないという雰囲気でした。

どうやら、佐久間さんが勤務するラインは来月いっぱいであけぼのサポートの手から離れてしまい、所属する労働者はすべて他のラインに移るか、佐久間さんのように雇い止めになることが決まっていたようです。

どうしても納得がいかない佐久間さんは、労働問題の相談窓口などでアドバイスを求めますが、ことの経緯からするとやむをえないという声が多く、なかなか明るい状況は見えてきません。

「面接のときの話と違う」というのが一番の不満なのですが、入社してからだいぶたってから送られてきた雇入通知書には雇用契約期間は「6か月」と記載されていたことも、話しても埒が明かない原因のひとつでした。佐久間さんとしては、こんな紙切れなんて、後から捏造したものじゃないかという思いを強く持っていました。

思いつめた佐久間さんは、知人から労働問題に詳しい弁護士を紹介され、あくまで会社側と争う方向でアドバイスを受けています。

「採用面接のときに、会社側が佐久間さんにどんな約束をしていたかということですが、雇入通知書以外に参考にできるものがないので、なかなか苦しい状況ですね」

偽装請負という問題がなければ、今、自分がこんな目にあうことはなかったのではないかと思うと、とてもやるせない日々が続いています。

8

「偽装請負」のトラブル・ストーリー

トラブル解決のためのワンポイントアドバイス❷

今回の佐久間さんのトラブルのポイントは、三つあります。

①入社後6か月の契約関係をしっかり確認していなかったこと
②期間満了の通告を受けたとき、毅然とした態度で拒否しなかったこと
③そもそも、派遣と請負との違いをしっかり認識していなかったこと

まず、入社時の条件をどう取り交わすかということは、何よりも大切です。佐久間さんの場合は、面接の際に、あたかも入社後6か月は試用期間であり、その後は正社員として本採用することを約束するかのような曖昧なやりとりがありました。しかし、この6か月間は、実際には研修期間という名のもとに設定された期間雇用であり、その後の本採用を保障するものではありませんでした。

面接の際には正社員登用を前提とするような発言がありながら、しばらくは雇入通知書も交付せず、会社側の都合のよい時期に都合のよい内容で作成された雇入通知書は、もち

ろん効力が疑われる部分もありますが、会社側も試用期間との位置づけを明言していたわけではないので、決定的に佐久間さんの主張を通すのも難しいところです。

やはり、採用の段階で速やかに雇入通知書の交付を求め、内容に不可解な点があれば会社側に確認する姿勢が大切なことは、いうまでもありません。こういった地味なステップを積み重ねることによって、トラブルの発生や拡大を抑えることができるのです。

また、面談で期間満了の通告を受けたときには、自分の率直な思いを会社側にぶつけ、採用の際のやりとりと話が違う旨を毅然とした態度で主張すべきです。たとえ会社側が聞く耳を持とうと持つまいと、雇用契約に関わる問題に際しては、あくまで対等の立場で自分の主張を伝える勇気を持つことが大切です。毅然とした姿勢をとることによって、会社側の態度が軟化するようなケースも、実際にはありうるのです。

派遣と請負との区別にはとても複雑な部分がありますが、派遣や請負といった制度の中で働く人は、場合によって偽装請負や二重派遣といった問題が発生しうることをしっかり認識しておく必要があります。特に、製造業の工場などで請負会社の社員として働くような場合には、職場が偽装請負の状態に陥る可能性も十分あることを知っておくべきです。普段から知識を身につけるように心がけ、無意識のうちに違法な状態にある職場で勤務していたということのないよう、細心の努力を払うことが大切だといえるでしょう。

9

ここがポイント！「派遣元」とのトラブル解決のツボ

派遣社員として働くスタンスをはっきりさせる

派遣会社とのトラブルを避ける上で最も大切なのは、**派遣社員として働くスタンスをはっきりさせること**です。自分は何を目標として派遣社員の道を選択し、いつまでこの働き方を続けるつもりなのか。このスタンスが明確な人は、自ずからトラブルにも巻き込まれにくくなります。派遣会社とのトラブルの多くは、自分の意思がはっきりしなかったり、主張が明確でないことから起こります。

たとえば、とにかく1日でも早く就職先を見つけたくて、目にした求人広告の派遣会社に衝動的に電話して、仕事内容や契約期間のことをあまり意識することなく働き始めたとします。思い立ったらすぐに行動に移すのは素晴らしいことですが、このような場合は、自分の将来像が明確に描けていないため、派遣社員として働く環境に問題が出てきても、自信を持って跳ね返すことができません。

面接のときに説明された条件と実際の勤務先の状況が違った場合、あるいは自分が働く現場が二重派遣の状態にあることを知ったとき、あなたならどうしますか。こんなとき、プライドを持って職に就いていないと、毅然とした態度で派遣会社と対峙できません。同じクレームをいうにしても、「どうせ派遣社員だから」「どうせやりたい仕事じゃないから」という気持ちがあると、どうしても相手に心の隙が伝わってしまいます。

派遣社員という勤務形態は、とても自立心が求められる働き方です。入社した派遣会社とは日常的にはゆるやかな接点しかなく、勤務する派遣先ではいわば「よそ者」のスタンスで仕事をすることが求められ、同じ派遣社員どうしの横のつながりも一般的には希薄です。スタンスがはっきりしていない人にとっては、そもそもリスクの高い働き方なのです。

派遣社員として成功する人は、間違いなく自分の目標や主張がはっきりしています。「資格を取得することを目指しているため、2年間だけは定時で帰れる派遣の仕事で働きたい」「今までの勤務経験を活かして、派遣社員として複数の会社で自分の実力を試したい」。こんな目標や主張があればこそ、派遣社員として輝く自分になれるのです。

銀行勤務のTさんは、派遣会社の担当者と毎月のように厳しいやりとりを交わし、契約更新ごとに自分の主張をぶつけますが、結果的にそれが信頼関係を高めることにもなっているといいます。まわりからすると喧嘩をしているように見えるTさんですが、仕事に対する主張と覚悟があったほうが、逆に派遣社員として活躍できるのだといいます。

10

ここがポイント！　「派遣元」とのトラブル解決のツボ

派遣元の一員としてのプライドを持って行動する

派遣社員として仕事を続けていると、自分が関わっている仕事の内容についてだけではなくて、**派遣元と派遣先との間の行き違いや食い違いに悩む**ことがあります。自分が担当している仕事について問題があれば指摘を受けるのが当然ですが、それだけではなくて、派遣元には欠勤の連絡をしていたのに派遣先に伝わっていなかったとか、派遣元からはまったく説明を受けていない業務を派遣先から指示されたといった、派遣元と派遣先との連携の悪さからくるストレスに悩まされることになります。

派遣元と派遣先がいっていることが違うというのは、派遣社員にとっては悩ましい限りのことですが、派遣元は「伝えている」といっているのに、派遣先は「聞いていない」という連携の乱れは、日常茶飯事のように起こっています。そして、こうした派遣元と派遣先の意思疎通の乱れが起こるときにこそ、派遣社員がトラブルに巻き込まれるのです。

実際に、派遣元から聞いていることと、派遣先からの指示がまったく異なる場合は、どうしたらいいのでしょうか。もちろん、派遣元や派遣先からしっかり状況を聞き、真偽を確認することは絶対に必要です。でも、残念なことにそれでも主張が食い違うこともあります。こんなときは、派遣先の上司の味方をすべきなのか、所属している派遣元の担当者を信じるべきなのか、派遣社員としては、文字通り板挟みになってしまいます。

結論からいえば、派遣社員である以上は、最終的には派遣元の一員として行動すべきです。もちろん、派遣先の上司の主張をなおざりにすべきではありませんし、派遣元から見ればクライアントである派遣先の心証を損ねることは、断じてすべきではありません。でも、**それ以上に大切なのは、自分は「派遣元の一員」だという意識を強く持つこと**です。

派遣元と派遣先とのトラブルの典型例に、派遣先が派遣社員に対して直接雇用してあげると申し出ることがあげられます。派遣社員にとって、慣れ親しんだ派遣先に雇用してもらえることは大きなチャンスですし、職業選択の自由がある以上は、いつ会社を辞めて他の会社に就職するかは、まったく労働者の自由であることはいうまでもありません。

でも、派遣元に内緒で派遣先に転職するケースでは、多くの場合、結果として派遣社員自身が納得のいかない結末をたどることになります。現に雇用されている会社に筋目を通せない人は、新たに採用された会社からも心底から信頼されることはないというのが、真相のようです。安易に派遣先の思惑のみに翻弄されるようなことは、控えるべきなのです。

11

ここがポイント！「派遣元」とのトラブル解決のツボ

最後は毅然とした態度で思いのたけを告げる

派遣会社に希望や思いを伝えても、聞く耳を持ってくれない。今の働き方に明らかに疑問があるのに、取り合ってくれない。こんなときは、どうしようもなく焦ってくるものです。展開によっては自分の一生がかかってくることなのですから、無理もないことでしょう。

それが、ちょっとした違和感や疑問を感じるレベルのことであれば、しばらくの間は我慢して耐えるというのもひとつの選択肢ですが、まったく自分の信念に沿わない方向を押しつけられたり、派遣元や派遣先に明らかな違法が認められる場合には、決して黙っているべきではありません。**そんなときは、とにかく毅然とした態度を崩さないこと。その上で、遠慮なく自分の思いのたけを伝える**こと。これが、何よりも重要です。

ある商社の営業所で営業事務の仕事をしている派遣社員Sさんは、派遣先の上司が本来の業務以外の仕事を次々に指示してくることに、以前からとても不満を持っていました。その上司は、派遣契約外の経理業務や在庫管理や検品、そして自社倉庫への同行も命じてきたのです。ぶつかることを覚悟して厳しく詰め寄ると、さすがに上司も折れてきましたが、しばらくするとまた派遣業務外の仕事をさせられるという状況が続いていました。

Sさんは自分の思いをありのままに会社に伝えることを決め、まず派遣元の担当者、そして派遣先の上司と話し合いの場を持ちました。Sさんの目標は経理や財務の知識を身につけて専門職として仕事をしていくことであり、そのために以前からコツコツと税理士試験の勉強を続けていたのですが、そのこともはっきりと派遣元と派遣先に伝えたのです。

最初は派遣元、派遣先ともに、冷たい反応でした。派遣元は「それなら、今回限りで派遣契約の更新はしない」といい、派遣先の上司は「そんな話は派遣会社にいってよ」という態度です。これに対してSさんは、臆することなく「私の思いを理解してくださらないのなら、それでもいいです」と突き返しました。

でも、Sさんが上司から指示された仕事を以前にも増して熱心に取り組み、諦めることなく派遣会社とも密にコミュニケーションを取るうち、次第に派遣元、派遣先の態度も好意的になってきます。特に派遣先の上司は、Sさんの仕事ぶりを本音ではかなり評価していたのです。

そして、Sさんが見事に税理士試験の科目合格を果たしたのをきっかけに、派遣先が

4章

派遣元に交渉を持ちかけ、経理課への転身が決まります。**自分の目標への熱意と毅然とした態度、そしてそれを裏づける熱心な仕事ぶりに、最後は理解を示してくれた**のです。

5章

「派遣先」とのトラブル解決実践編

1

「派遣先」とのトラブルに巻き込まれないための処世術

派遣先の責任者とのコミュニケーションの取り方

派遣先の上司や先輩が仕事を教えてくれない。いやな仕事ばかりを押しつけられる。職場の輪の中に打ち解けることができない。言葉や態度による嫌がらせを受ける。どれだけ頑張っても正当に評価してもらえない。こんな悩みを抱える派遣社員の人が増えています。こういったトラブルは、多くの場合、本人と派遣先の職場との間のコミュニケーション不足から起こります。派遣社員自体が、そもそも派遣先では異質な存在なので、本人は普通に仕事をしているつもりでも、どうしても浮いた存在になりがちです。意思疎通がはかりにくい状態が続くと、知らず知らずのうちに、誤解やトラブルの引き金をつくってしまうのです。

自分の身を守るためには、何よりも、**職場での正しいコミュニケーション**が大切です。そうはいっても、派遣先の責任者と直接コミュニケーションをとるのは、とても勇気のいることです。その上、無用の誤解が生じてしまうリスクもあります。

派遣先でうまくコミュニケーションをはかるポイントは、ズバリ、**アプローチする相手を間違えないこと**です。本来は、就業条件明示書に記された指揮命令者や派遣先責任者が派遣社員の業務を束ねる責任者ですが、現実的には、これらの人たちはあまり身近な存在ではなく、日常的にものがいえる相手ではないことが多いものです。

そうではなくて、コミュニケーションをとる相手は、**現場で自分と同じ業務をしている正社員の先輩**です。自分の立場から最も身近な人、自分と年齢や経験の近い人、自分の存在を受け入れてくれそうな人、職場の中で最も世話好きな人。こういった人たちをいかに自分の味方につけていくかが、職場でのコミュニケーションのポイントになります。

職場の雰囲気をつくるキーマンは、ほとんどの場合、その部署の責任者である上司ではなく、横のつながりの中で職場の人間関係の要に位置している先輩だったり、同僚だったりします。派遣社員が職場で認められるかどうかの評価も、現実的には、職場の先輩や同僚の声によるところが大きいのです。

職場で何でも話せる派遣先の先輩を持つことができれば、その部署の上司は必ずあなたの存在をプラスに評価してくれるようになります。無理をして責任者や役職者にアプローチするより、まずは身近な職場の先輩と打ち解ける。これが、派遣社員に求められるコミュニケーションの基本だといえます。

5章

2

「派遣先」とのトラブルに巻き込まれないための処世術

いい意味で孤独を楽しむ感性を持とう

派遣社員とは、思った以上に孤独な働き方です。入社した派遣会社で働くわけではありませんから、基本的に同期の仲間というものは存在しませんし、ほとんどの場合は、たった一人で派遣先に乗り込んで仕事をするわけですから、極端にいえばパラシュートで陸に降り立った戦闘員に近い状態に置かれるわけです。

同じ立場の同僚もなく、顔見知りの上司がいるわけでもなく、職場や業務に慣れるための教育や研修もほとんどない状態で、いきなり責任の重い業務を任されるのですから、精神的にはかなり過酷な条件に違いないでしょう。人によっては、その孤独さに耐えかねたり、どうしても職場になじめないというケースも出てきます。

しかし、大切なのは、**そもそも派遣社員とは孤独な存在なのだということを理解することです**。たった一人で、まわりの人たちとの接点も少ない環境の中で責任ある仕事に就くことが、派遣社員にとってはむしろ自然なことです。孤独を怖れ、たった一人で仕事をすることを厭うようでは、派遣社員の強みは発揮できません。

私が20代で自分の生き方に行き詰まった頃、派遣社員の道を選択したのは、誰からも積極的には干渉されない環境の中で、自分のペースで即戦力として仕事がしたいという願望からでした。そこで、それまでまったく経験したことがなく、接点もなかった銀行関係や自動車関連といった業界で、派遣社員として働くという挑戦をしたのです。

派遣の仕事は、毎日がわからないことずくめで、焦りと不安との闘いでしたが、いい意味で孤独な環境の中で仕事ができたことには、プラスも多かったと思います。正社員として何社かを渡り歩いて、職業人になる以前に会社人になることを求める企業の姿勢にうんざりしてきた私にとっては、孤独な派遣社員の働き方は、まさに渇望していたものでした。

孤独とは、辛く、過酷なものですが、自分の価値観やペースを大切にできるという意味では、むしろ歓迎すべきものでもあります。派遣社員を経験するまでの私は、企業の価値を押しつけられることに息苦しさを感じ、悩み続けていましたが、思い切って派遣社員の働き方に挑戦してみることで、重苦しい流れを変えることができました。

「ひと対組織」ではなく、「ひと対ひと」という関係で、自分と向き合い、自分を見つめ直すには、派遣という孤独な働き方は最適だということができます。**孤独を楽しむ感性こそ、派遣社員にとってもっとも必要なセンスのひとつだといえる**でしょう。

3

「派遣期間」のトラブル・ストーリー

「派遣期間」をめぐるトラブルの実態

人材派遣には、派遣期間に関するルールがあります。すでにご説明したように、ソフトウェア開発や財務処理など26種類の専門業務（専門26業務）は何年間でも派遣されることができますが、それ以外の営業職、販売職、製造職などの業務（自由化業務）は原則1年間、最大でも3年間までしか派遣されることができません。

この期間を超えて派遣が続けられてしまうと、**派遣法違反として派遣元や派遣先が行政から指導を受けることになり、結果として派遣社員として仕事を続けることが困難**になってしまいます。派遣社員にとっては、まったく予測できないことですが、ときとして、このような事態が身にふりかかることがあります。

派遣期間をめぐるトラブルには、次のようなパターンがあります。

①派遣先が派遣元に抵触日を伝えていない

「抵触日」とは、派遣期間のルールによって続けて派遣ができなくなる最初の日のことです。派遣先には、派遣元から派遣社員を受け入れるときは、あらかじめ抵触日を派遣元に伝える義務があります。これを怠っていると、知らず知らずのうちに抵触日を超えて違法な派遣が続けられることにもなります。

②専門26業務と思い込んで自由化業務への派遣が行なわれている

実際には自由化業務であるにも関わらず、誤って専門26業務として派遣が行なわれているケースです。たとえば、専門26業務である研究開発業務として派遣されていたのに、実際には製品の組立や検査の業務だったという場合です。この場合は、製造業務ですから、もちろん最大3年間ということになります。

③部署が変更されても業務の実態が変わらない

派遣先の業務は、就業の場所ごとに、同一の業務の単位で、実態に基づいて判断されます。したがって、たとえば、今まで製造1課で仕事をしていた人が、派遣期間の満了後も実態としては同じ業務を行なう場合は、たとえ名称を製造2課の所属に変えたとしても、決して認められません。

4

「派遣期間」のトラブル・ストーリー

「それでも、この仕事を続けたいのです！」

宮崎美穂さん（23歳）は、短大を卒業してからしばらく地元の不動産会社で一般事務の仕事をしていましたが、結婚前にいろいろな仕事を経験しておきたいという希望もあって、昨年からは派遣社員として販売の仕事をしています。もともと学生時代から服飾関係に興味のあった宮崎さんは、ブティックで働くことが夢だったのです。

販売経験のない人が中途採用で正社員になることは難しいと知った宮崎さんは、友人のすすめる派遣会社に登録しました。パートやアルバイトとして働くことも考えましたが、ひとり暮らしをする身としては、ある程度の収入も大切なポイントです。それなりに高い時給で働くことができる派遣社員のほうが、現実的な選択肢でした。

憧れの業界に転身してからは、毎日の仕事が見違えるように充実していきます。もともと、販売の仕事への意欲が高かったこともあって、毎月のように顔を合わせる常連さんからもすっかり信頼されるようになり、お店からもどんどん重要な仕事を任されるようになります。今では、正社員と何ら変わらない責任ある立場で店頭に立つのみならず、ディスプレイや販売企画、在庫管理などの仕事などにも関わるようになっています。

派遣会社から、突然の「終了」の連絡

そんな宮崎さんに、突然、派遣会社の担当者から連絡が入ります。大切なお話があるので、少し時間をもらいたいとのことでした。2日後、仕事を終えて、お店の近くの喫茶店で面談すると、次のような話を切り出されました。

「実は、今、宮崎さんに頑張ってもらっている仕事なのですが、ちょっと突然ではありますが、来月末までということで、いったんひと区切りつけてほしいのですが」

あまりに突然の話に、宮崎さんは思わず聞き返します。

「それは、どういうことなのでしょうか」

「いや、いろいろと事情がありまして、このブティックでの仕事については、来月末まで終わりということなのです。もちろん、会社としても、宮崎さんがしっかり頑張ってくれていることを評価していますので、ちゃんと次の仕事を紹介できるよう、できるかぎりのことはさせてもらうつもりです」

今の仕事にようやく慣れて、とても充実した毎日を送っていただけに、宮崎さんとしては、まったく納得のできない言葉でした。

「え、来月で今の仕事が終わりなんて、納得できません。お店の方から、何かお話があったのですか」

「いえいえ、お店からは、宮崎さんのことは高く評価していただいています。むしろ、これからもよろしくお願いしますというお言葉をもらっています。今回、いったんこの派遣先での仕事を中断してほしいというのは、あくまで派遣契約の事情で、どうしても来月末までしか働いていただくことができないからなのです」

宮崎さんには、まったく話の流れが見えません。

「それは、いったいどういうことなのですか」

「販売の仕事は原則1年まで、最大でも3年までしか派遣することができないと派遣法で決められているのですが、その期限が残念なことに来月末なのです」

「そんな話は、まったく聞いてませんよ。とにかく、いきなり今の仕事がなくなるなんて、絶対に困ります」

派遣法がどうという話はまったく聞いていないし、突然に今の仕事ができなくなるなんて、まったく考えられないというのが、宮崎さんの素直な気持ちでした。

「ちゃんと説明できていなかったことについては、本当に申し訳ないと思っています。でも、これは守らなければならないルールですので、そこのところを宮崎さんにも理解してほしいのです」

「私の今の仕事って、来月末までじゃなくて、まだ来年までは契約が残っているんじゃないですか」

少し冷静になった宮崎さんは、1か月ほど前に派遣契約の更新を交わしたことを思い出しました。

「それは、その通りです。確かに、まだ契約期間の途中ではありますね。ただ、本当に申し訳ないのですが、その前に派遣先さんとの間の派遣契約が満了してしまうのです。この点は、本当にお詫びするしかありません」

派遣契約の期間と「抵触日」は違う

派遣先の担当者がいっているのは、本来は派遣元と派遣先が交わした派遣契約の期間に従って、派遣社員である宮崎さんが派遣先で勤務すべきところ、その契約期間の満了日を待たずに、派遣が許されなくなる抵触日が到来してしまうということです。

派遣先から正確な抵触日を聞かないままに派遣契約を交わしたものの、後になって抵触日を知ったことから、このような矛盾が起こったのです。

「それは、まったく納得できません。最悪でも、契約を交わした日までは働けなくてはおかしいと思います」

「宮崎さんの気持ちは、よくわかります。会社の担当として、私はしっかりと今回のことをお詫びしなければならないと思います。残りの契約期間については、会社として何らかの補償ができるかどうか、上司と相談しますので、少しお時間をもらえませんか」

誠意の感じられる態度に、宮崎さんもそれ以上言うことができませんでした。

「わかりました。少しお待ちすることにします。ただ、なぜ、急にこんなことになるのか、もう少し、事情を説明していただけないでしょうか」

「はい。宮崎さんですから、そのまま説明しますが、派遣会社としては、派遣先さんから、いつまで派遣することができるかという満了日をお聞きしてから、派遣契約を交わすというのが通常のルールなのですが、今回はそれがきちんとできていなかったのです。それで、宮崎さんとは契約更新はさせてもらったものの、その後になって、本当は派遣を続けることができない満了日のほうが先に来てしまうことがわかったということなのです」

「そんな、ややこしいルールがあるのですか。どうしたら、私は今のお店で働くことができるのですか」

よくわからないルールだけれども、何とかクリアする方法がないものか、可能性を考えたいという思いに襲われる宮崎さんでした。

「ここから先は、派遣会社としてのお話というよりは、私の個人的な意見として聞いてほしいのですが、可能性としては二つあります。ひとつは、宮崎さんには3か月間は他の仕事をしてもらって、4か月目に今の仕事に復帰するという方法。もうひとつは、これはあのお店では可能性はほとんどないと思うけど、今後は違う部署に配属してもらって、仕事を続けていく方法ですね」

現実的には、3か月間のクーリング期間を置いたとしても、あらかじめ派遣元と派遣社員とが派遣先に復帰することを約束していた場合は違法という扱いになりますが、この担当者にはそこまでの認識はなかったようです。

「なるほど、そんなルールがあるのですね。派遣というのは、本当に難しいのですね」

「今の話は、私の立場ではちょっと言い過ぎているので、あくまで個人の意見ということで、お願いしますね」

ありのままに語ってくれる担当者の真摯な態度に、宮崎さんも少し心を持ち直し、数日中に何らかの形で連絡をもらうことで、この日の面談は終了しました。

翌朝、いつも通りにお店に出勤した宮崎さんは、さっそく店長に相談したいことがある旨を伝えました。宮崎さんとしては、昨日、派遣会社の担当者から聞いた話のことを、店長に自ら掛け合ってみる心づもりでした。

店長からは理解を得られたが……

「どうも、宮崎さん。相談があるって聞いたけど、何なのかな?」

「お忙しいところ、すみません。実は、派遣会社の方から聞いたのですけど、私は来月末までしか仕事ができないということなのですが、何とか今の仕事を続けさせていただきたいと思っているのですが……」

「あ、その話ね。そういえば、派遣会社からも連絡があったね」

「店長も、ご存じだったのですね」

店長がこのことを知っていることが、宮崎さんには少し意外に感じられました。

「まあ、うちとしては、宮崎さんの仕事ぶりは評価してるので、続けてくれるのはもちろん歓迎だけど」

「そうおっしゃっていただけて、とても嬉しいです。でも、派遣の法律の関係で、今のまま続けさせていただくのは、難しいそうなのですが……」

笑顔の後、少し不安そうな表情で、宮崎さんがいいます。

「なるほど。派遣会社を通さなければ、大丈夫なんでしょう。うちですぐ正社員にはできないけど、パートかアルバイトとして続けてもらうのは可能だけど。宮崎さんは、それじゃあ生活がキツイよね」

「そうですね。ご心配、ありがとうございます。これは私からのお願いなのですが、たとえば私の部署を変えていただくとか、3か月の間を空けてまたお世話になるということは、可能でしょうか」

思い切って、派遣会社から聞いた話を切り出しました。

「それは、どういうことなの」

「派遣法のルールがあるそうでして、派遣期間が満了したときに派遣を続けるには、3か月の間を空けるか、別の部署に移るという方法しかないのです」

この日のために、宮崎さん自身も少し派遣法の勉強をしてきていました。

「なるほど。それで、宮崎さんは、どっちがいいの」

「3か月も間が空くというのは、正直、私も困るものですから、別の部署へ移らせていただくことができれば、ありがたいのですが」

「別の部署ねぇ。わかった、じゃあ、アクセサリーの販売に移ってもらうことにしよう。それなら、大丈夫でしょう」

「ありがとうございます」

「まあ、実際には、今まで通りの仕事をしてもらうことになると思うから、そういうことで、よろしくね」

「はい、よろしくお願いします」

お願いしますとはいったものの、不安の色が隠せない宮崎さんでした。この小さなお店のアクセサリー担当に移ることで、本当に大丈夫なのか、まったく自信はありません。

派遣先との直接交渉を注意される

数日後、派遣会社の担当者から連絡があり、再び面会します。

「この前のお話の件ですが、やはり宮崎さんにはご迷惑をおかけすることになるので、もし次の派遣先で働いてもらうまで期間が空いた場合には、会社として補償金をお支払いすることになります。ただ、今日は次のお仕事のご紹介のお話もさせてもらいますので、安心していただきたいのですが」

「ありがとうございます。でも、私はやっぱり今の仕事を続けたいのです」

宮崎さんは、他の派遣先には行く意思のないことを伝えます。

「それは、現実的には難しいのですよ」

「今のお店でも、別の部署に移ればいいのですよね」

「そうはいっても、あのお店で別の部署というのは難しいでしょうし、第一お店の方が何といわれるか……」

「店長には、ちょっと話をしてみたのです。そしたら、アクセサリーの方に部署を変えてもらえるっていわれたのですが」

思い切って、店長とのやりとりを口にすると、派遣会社の担当者の顔がこわばります。

「え、勝手にそんなことを派遣先さんと話をしてもらっては困りますね。それは、うちのほうからお話することですよ」

「すみません」

「そういうことでしたら、この件は一度、私から派遣先さんに話を通してみますね」

派遣会社の担当者は、そういって、ゆっくりと席を立ってしまいました。

翌日、宮崎さん宛に、電話が入ります。

「宮崎さん、昨日のお話ですが、店長さんに直接確認させていただいたのですが、やはり状況としては難しいですね。アクセサリー販売の別の部署といっても、実際には同じ場所で、同じ上司の指示によって仕事をするわけですし、店長さんは、実際には宮崎さんに今と同じ業務をやってもらおうと考えておられるようですね」

「どうしても、ダメなのですか」

宮崎さんは、小さな声で食い下がります。

「派遣会社としては、正直いって、きちんとお受けできるようなお話ではないですね。私としても、のちのちトラブルにならないためにも、曖昧なことはいえませんしね。とにかく、次のお仕事をご紹介するまで、しばらくお待ちくださいね」

電話ということもあり、相手の話に押し負けてしまいました。

法律を学んだ上で再度気持ちを伝える

この日を境に、宮崎さんは、派遣関係に強い人からのアドバイスを仰ぎ、派遣の法律についても、自分なりに詳しい知識を得るように努力します。

そうしてわかってきたのは、今回のような状況が起こってしまったのは、きちんとした抵触日を伝えていなかった派遣先にも非があること、形式だけ所属が変わっても、同じ上司の下で実質的に同じ業務を行なったのでは、派遣業務が変わったことにはならないこと、３か月間のクーリング期間を消化したとしても、事前に元の派遣先に戻ることを約束していた場合は、ルール違反になってしまうということです。

意を決した宮崎さんは、派遣先の担当者に理解を求めるようにコミュニケーションをとりつつ、店長に自分の気持ちをすべて打ち明けました。抵触日のことで自分が苦しい思いをしていること、今の仕事を続けたい気持ちが強いこと、派遣会社にも迷惑をかけられないこと、何よりも店長には感謝をしていること。

そして、店長から出てきた答えは、次のひと言でした。

「わかったわ。じゃあ、隣町の姉妹店で仕事をしてもらうわ。場所が違えば、大丈夫なんでしょ。あの店も、ちょっと商品は違うけど、私が仕切っているから、安心してもらっていいよ。少し遠くなるけど、頑張ってね」

何よりも、心が熱くなる店長の言葉でした。

今までは、唐突なことをいってくる派遣会社や、いい加減な態度にも映る店長のことを疑問に思うこともありましたが、今はそれ以上に、派遣社員でありながら派遣制度のことをよく知らない自分にも問題があったことを自覚しています。必要な知識を得ることと、自分の思いを伝えることの大切さを痛感している宮崎さんです。

「派遣期間」のトラブル・ストーリー

トラブル解決のためのワンポイントアドバイス❸

宮崎さんをめぐる派遣期間のトラブルのポイントは、三つあります。

①派遣元が派遣先から正確な抵触日の通知を受けないまま派遣していたこと
②部署が変われば続けて派遣先で働くことができると安易に思いこんだこと
③派遣元と派遣先が折衝すべき派遣契約について、勝手に派遣先に掛け合ったこと

まずは、何といっても抵触日の問題です。派遣で働くときには派遣会社から就業条件明示書をもらいますが、派遣期間の制限がある業務の場合、必ずここに抵触日がいつなのかが書かれているはずです。今回は、これが抜けていたか誤っていたかのいずれかだと考えられますので、就業条件明示書の交付を受けた段階でしっかりと確認することが大切です。

就業条件明示書に書かれた抵触日が誤りであったという場合は、派遣会社の業務管理としては相当深刻な問題をはらんでいると思われますので、遠慮なく担当者に説明を求めるべきです。もし曖昧な回答しか返ってこない場合には、専門家の力を借りるなどして、毅

然とした態度で対応していくことが必要でしょう。

抵触日後の対応やクーリング期間の理解については、単純に部署が変われば大丈夫とか、3か月の期間が空けば無条件に復帰が可能というような、安易な発想は慎む必要があります。むしろ、抵触日が到来すれば、原則的にはもうその派遣先では働けなくなると理解し、派遣会社や派遣先が曖昧に声を掛けてきても、まずは警戒心を持って聞くことが大切です。

抵触日を超えて同じ派遣先で働くことができるのは、滅多にないイレギュラーなケースに限られますので、派遣元、派遣先や、自分自身といった契約の当事者だけの判断ではなく、第三者の声を聞いた上で判断するように心がけるべきです。違法な派遣契約の下で働いて最も傷つくのは、いうまでもなく派遣社員自身なのです。

そして、**派遣期間に関わるトラブルについて、自ら派遣先に交渉することは、厳に慎む必要があります。**宮崎さんの場合は、派遣先からの評価も高く、持ち前の素直な性格も影響して、自ら派遣先とやりとりしたことがよい結果に結びつきましたが、通常はそうはならないケースが圧倒的に多いものです。

今回のケースでも、直接に派遣先とやりとりを行なうことで、派遣元の責任が曖昧にされたり、次の派遣先を紹介してもらえなくなるようなリスクが生じる可能性があります。この点には、十分に注意することが大切です。

6

「派遣先での人間関係」をめぐるトラブルの実態

「派遣先での人間関係」のトラブル・ストーリー

派遣社員とは、雇用関係のない会社に身ひとつで乗り込んで業務を行なう働き方ですから、もともとトラブルに巻き込まれやすい立場にあります。別の会社に所属する身でありながら、直接雇用の同僚たちとともに職場の上司から指示を受けて仕事をするわけですから、人間関係をつくっていくこと自体がとても難しいのです。

同期入社の同僚がいるわけでもなければ、会社の一員としての成長を願う上司や、同じ組織の仲間意識を持つ先輩もまったく存在しませんから、**職場内でひとたび人間関係がこじれると復旧が大変で、深刻なトラブルに巻き込まれると、そのまま職場を去らざるをえないようなケース**もあります。

人間関係をめぐるトラブルには、次のようなパターンがあります。

①職場の上司によるパワハラ、セクハラ

最も典型的なトラブルが、派遣先の上司によるパワーハラスメントやセクシャルハラスメントです。指揮命令権を持つ上司が、その地位を利用して無理な要求をしたり、言葉や態度による暴力、罵倒や冷遇、性的な嫌がらせを行なうようなケースです。職場で圧倒的な弱者である派遣社員は、パワハラ、セクハラの対象となりやすい傾向があります。

②職場の同僚によるいじめや無視

直接の上司ではないものの、職場の先輩格の同僚たちから、職場いじめにあったり、無視されたりするようなケースです。派遣社員に対する偏見やよそ者意識から、職場いじめの構図に陥るのが典型的です。同僚による精神的な嫌がらせ等であることが多い分、なかなか表沙汰にならず、具体的な対処が困難なことが多いのが特徴です。

③職場環境そのものからの疎外

直接にパワハラやいじめを受けるわけではなく、上司や同僚に特別な意図があるわけではないものの、職場環境そのものが派遣社員を排斥しているというケースです。職場のカルチャーとして、派遣社員には厳しい仕事を与える、必要な備品や器具を与えない、積極的に施設を利用させない、といった例があります。

7

「派遣先での人間関係」のトラブル・ストーリー

「人間関係」をめぐる三つ巴の抗争

金森恵子さん（43歳）は、今年からとある住宅メーカーの営業所で、派遣社員として経理の仕事をしています。もともと商業高校を卒業して以来、一貫して正社員で経理の仕事をしていましたが、30代に入って出産と同時に職場を退職しました。この春から子どもが小学校に入学するのを機に、派遣社員として新たな職場に飛び込むことになったわけです。

派遣社員の経験は初めての金森さんでしたが、経理の事務仕事には人一倍の自信と愛着があったため、すぐに職場にも馴染んでいくことになります。急に退職した前任のベテラン社員の穴を埋めてくれることを期待していた職場では、経験豊かでてきぱきと仕事にあたってくれる金森さんは、実に頼もしい存在に映りました。

営業所では40代の高橋所長が職場のまとめ役を担っていましたが、彼もすぐに金森さんの仕事ぶりを高く買うことになります。同じ世代でもあり、いつも職場の空気を読んだ行動ができる金森さんの性格にも親近感を感じた高橋所長は、次第に金森さんのことを自らの側近か秘書のように重用するようになっていきます。

毎朝、出勤したら真っ先に金森さんに声をかけ、社内の打ち合わせ等でもいつも金森さんを傍に置き、営業所の行事やイベントでもまず金森さんのことが話題にされました。派遣社員である金森さんの給与や待遇が高橋所長の手によって改善されることはありませんでしたが、日常的な仕事の段取りや社内シフト表、社内の福利厚生等については、次第に金森さんを中心に組み立てられるようになっていきます。

新たな職場での仕事に満足していた金森さんは、高橋所長から信頼を得ていることに感謝し、もっともっと自分を発揮しなければという思いでいっぱいでした。ただ、その一方で、必要以上に自分のことを気遣ってくれる所長の動きには、幾ばくかの不安を感じ始めていたというのが、素直なところでした。

数か月後、異変が起こる

働き始めて数か月した頃、職場に異変が起こります。営業所には、高橋所長の他に男性社員は2名ほど、残りの4名は女性社員とパートでしたが、その女性陣のリーダー格である主任の山下さんが、金森さんに対して反発心をあらわにするようになってきたのです。

この職場では所長を含めた男性社員は基本的に営業職であり、日中はほとんど外出してしまい、昼間に事務所内に残るのはいつも女性陣だけになります。その日中の「女の職場」をリードしていたのが山下さんなのでした。

山下さんは、ある日のお昼休みに、金森さんに対して、このように口火を切ります。

「金森さんは、結局、何がやりたいわけ。いつも所長にゴマを擦ってばかりで、ちっとも仕事になってないよね」

それほど強い口調ではありませんでしたが、確実に金森さんの心に突き刺さるひと言でした。とっさに浴びせられた批難の言葉に、返す言葉が見つかりません。

「突然、何をいわれるのですか。私がゴマを擦っているなんて、とんでもありません」

このように切り返すのが、精一杯の反応でした。

金森さんを取り巻く女性陣は、全員が山下さん寄りで、「山下さんの言うとおりだわ」「あれは露骨なゴマ擦りね」と、山下さんに同調する発言が飛び交います。

これには、さすがの金森さんも我慢がならなくなります。

「わかりました。そんなに私のことがお気に召さないのなら、食事はひとりで取らせていただきます」

業務に支障をきたすほどの嫌がらせに発展

これを境に山下さんたちは、金森さんを意図的に排斥するような態度に出るようになります。所長から預かった連絡を金森さんにはすぐには伝えない、できる限り仕事を渡さないように振る舞う、仕事で必要な備品を与えない、みんなで金森さんの存在を無視するような雰囲気をつくる――日中の職場での金森さんの孤立ぶりは、日に日に顕著になります。

ついには、金森さんの机の上の書類が意図的に散らかされる、資料や書類を故意に隠される、パソコンのメールが勝手にチェックされている、必要な電話も不在ということにされて取り次いでもらえない、といったレベルにまで発展します。

普通であれば、職場でこのような露骨な嫌がらせがあれば、しかるべき上司によって改善の方向に導かれるのが当然ですが、山下さんたちのやり方も巧妙で、所長たちの前ではいっさい金森さんに対する仕打ちを感づかせないものですから、表面上はいたって平穏に振る舞う女性陣を前に、このことが表立って問題とされることはなかったのです。

真面目な性格の金森さんが許せなかったのは、たとえ自分とは相性が合わない人たちなのだとしても、露骨に仕事に支障が出るような仕打ちをしてくることでした。これまでも任された仕事だけは、誰に何をいわれようと責任を持って守ってきた自分だっただけに、今の状況だけはどうしても耐えることができませんでした。

何とか、この状況を打破しなければならない。意を決した金森さんは、思い切って山下さんに自分の気持ちをぶつけます。

「私はただ、毎日の仕事にしっかり取り組みたいだけなのです。どうか、嫌がらせは止めていただけないですか。私の振る舞いにお気に召さないところがあるのでしたら、素直に変えていきたいと思っています」

しかし、この純粋な気持ちは、山下さんたちには伝わりませんでした。

「何を自分だけが正しいようなことをいっているの。しょせんは派遣じゃないの」

厳しい言葉に打ちのめされた金森さんは、ただ、失望するしかありませんでした。これでは、毎日の仕事すら、手につかなくなってきかねません。

行き場のなくなった金森さんは、やむなく高橋所長に相談することを覚悟します。この職場で唯一うまくコミュニケーションがとれていたのは所長の存在だっただけに、逆に弱みは見せたくないというのが、金森さんの素直な心境でした。でも、もうそんなことをいっている場合でもなかったのです。

思い切って派遣先の所長に打ち明けるが……

万が一にも職場が混乱することを恐れて、山下さんが外出する日を見計らって、所長に時間をもらうことにしました。

「こんなことは本当に申し上げにくいことなのですが、今の昼間の事務所では、私は山下さんたちから完全に排斥されていて、まともに仕事がさせてもらえていないのです」

「突然に何をいい出すの」

所長としては、本当に状況がつかめていないといった表情でした。

「日中、外に出られている所長にはわかっていただけないかもしれませんが、私は山下さんからも、他のみなさんからも、毎日のように無視され、嫌がらせを受けています。もう、仕事に支障があるだけではなく、昼間の時間が本当に辛いのです」

「いや、金森さんはしっかり仕事を頑張ってくれているから、みんな気遣ってくれているんじゃないの」

所長には、まったく金森さんの気持ちが伝わらないようです。

「私の言葉を信じていただけないのですか」

「信じないなんて、とんでもない。金森さんはまだ日が浅いから、まだ他のみんなとうまくコミュニケーションが取れないのかもしれないね。でも、私は応援していくから、これからもしっかり頑張ってほしい」

所長の言葉は嬉しいひと言ではありましたが、自分の気持ちをストレートに理解してくれる態度とは程遠いと思いました。もしかしたら、こういう所長の態度自体が山下さんたちが自分を排斥する引き金にもなっているのかと思うと、とても複雑な思いです。金森さんとしては、無念の限りでしたが、とりあえず引き下がらざるを得ない状況でした。

それでも、所長の「応援していく」という言葉を信じて、職場で懸命に山下さんたちと打ち解けるよう努めた金森さんでしたが、事態は好転しません。笑顔で挨拶をしても、自分から会話を持ちかけても、一向に反応してもらえず、それどころか、山下さんたちは、金森さんと会話を交わさないだけでなく、目も合わせてくれないようになります。金森さんにとっては、我慢の限界が近づきつつありました。

派遣会社の担当者にも相談するが……

金森さんの派遣会社では、毎月定期的に担当者から電話連絡が入って近況を尋ねられ、希望すれば随時、派遣会社の面談室で仕事上の悩みや今後の方向性について、相談を持ちかけることができましたが、ある日、久々に派遣会社の担当者から電話が入りました。

いつもは特に気にも留めておらず、漠然と頑張っていますとか、問題ないですと答えていた金森さんでしたが、今回ばかりは派遣会社にもすがりたい思いでした。入社して初めて、面談希望の意思を担当者に伝え、数日後、担当者と面談します。

「こんにちは、金森さん。お久しぶりですね」

「こんにちは。お電話ではすみませんでした」

「いえ、とんでもないです。ご相談があるとお聞きしましたが」

金森さんは、素直に自分の心を打ち明けることを決意します。

「実は、今の仕事なのですが、私は職場で毎日、嫌がらせを受けたり、無視されたりし続けていて、完全に孤立してしまっているのです。もうこのままでは、仕事を続けていく自信がまったくないのです」

「派遣先の責任者の方からは、金森さんのことをとっても評価しているとのお声をもらっていますが、どういうことなのでしょうか」

「確かに、責任者の所長からは認めてもらっているのですが、昼間、所長たちが外に出て女性だけの職場になると、それはもうひどいものなのです」

金森さんは、薄っすらと涙目になりながら、気持ちを訴えます。

「そうなのですか。そんなに、他のみなさんの振る舞いがひどいのですか」

「仕事の指示をもらえないだけでなくて、みんなから仲間外れにされ、何をいっても答えてもらえず、むしろ仕事の邪魔をされているのです」

「上司である所長さんとは、うまくいっているのですね」

「はい」

派遣会社の担当者は、落ち着き払ったように、語りかけます。

「それは、仕事のできる金森さんのことを、まわりのみなさんが少し意識しすぎているからではないのでしょうか。金森さんは、この職場に入ってまだ数か月ですし、私から見ても間違いなく仕事のできる人ですから、やはり最初はまわりの方とのコミュニケーションが大切になってくるのです。もうしばらくしたら、きっと落ち着くと思いますよ」

「いや、私としてはできる限りのことはさせていただいているつもりです。でも、そろそろ限界に感じているのです」

納得できないという表情で、金森さんが返します。

「みなさん、そうおっしゃるのですが、こういった悩みは、大抵は職場に慣れた頃に落ち着いていくものなのです。金森さんの場合は、ご経験からしても、ご年齢からしても、まったく大丈夫だと思いますよ。しっかり職場のみなさんともコミュニケーションを取って、今のお仕事を頑張ってくださいね」

派遣会社の担当者のいうこともわからないことはありませんでしたが、それはまったくの一般論ではないかと思えました。金森さんは、今、私が抱えているのは、もっと深刻な問題なのだというメッセージをこんなに発しているのに、まったく気づいてもらえない現実に、失望や落胆を通り越して、もうこの仕事なんてどうなってもいいやという思いに包まれてしまいました。

ストレスからうつ病を発症

職場の所長にも、派遣会社の担当者にも、ありのままの気持ちを打ち明けたのに、受け止めてもらえない現実を目の当たりにした金森さんは、疲労が蓄積していたこともあって、体調を崩してしまいます。自宅で静養して数日は単なる過労か風邪かと思っていましたが、一向に快方に向かわないため、病院にかかることになります。

総合病院の診察で、職場のストレスが原因ではないかと指摘されます。その後、神経科の専門医のもとに通院すると、そこでの診断結果は軽度のうつ病の症状が見られるというものでした。もともと真面目な性格の金森さんは、職場でのストレスによって、身も心もズタズタにされてしまっていたのです。

職場での露骨な嫌がらせの実態や頼りない上司や派遣会社の対応を知って怒りを覚えた夫は、知人の専門家に相談を持ちかけます。金森さん自身とも面談して得られた結論は、派遣先や派遣元の対応はあまりにもひどいので、今回の療養について労災申請を求めることは当然として、相手方の対応によっては損害賠償も検討すべきだというものでした。

金森さんの意を受けた夫は、派遣先と派遣元に対して、このような要望を伝えます。しかし、派遣先からも、派遣元からも、明確な回答はもらえませんでした。派遣先は、労災申請に関わることは雇用主である派遣元の方に聞いてもらいたいと主張し、派遣元は、派遣先での些細な人間関係のことはあくまで派遣先での問題だと言い張ります。

何度か交渉する中で、何とか労災申請については手続きが取られる方向で動き出しますが、会社側はあくまで協力的な態度ではなく、行政の相談窓口でも申請の内容については悲観的な意見が浴びせられます。金森さん自身はといえば、体調そのものは幾分かは回復に向かいますが、心に負った傷は深く、メンタル的にはまだまだ立ち直れずにいました。

この間、派遣会社からは早々に金森さんの代役が高橋所長のもとに派遣され、業務の引き継ぎに当たりました。しかし、職場で果たしていた金森さんの役割は大きく、簡単には代わりが務まりません。所長は派遣会社にさらなる代役を求めますが、社内に亀裂を抱えたこの職場に適任な人は、そう簡単には見つからずにいました。

金森さんが職場での悩みを抱えて深刻な体調不良に追い詰められていたことを知った高橋所長は、次第に自らの対応の悪さについて反省を深めるようになり、今まで社内のことを女性社員任せにしていた仕事のやり方を改めたいと思いを新たにしていました。同時に、金森さんがこの職場にふさわしい存在であったことを改めて強く感じていたのです。

高橋所長は、派遣会社に次のように要望を出します。

「金森さんがうちで働いていて体調を崩されたことは、本当に申し訳なく思っています。彼女が回復され次第、うちの職場に復帰させてほしいのですが」

今まで金森さんの主張に慎重な対応を取り続けていた派遣会社も、この派遣先の申し出には前向きに反応し、1日も早い金森さんの復帰を願っているといいます。金森さんの思いは、派遣先や派遣元に届いたといえるのでしょうか。

5章

8

「派遣先での人間関係」のトラブル・ストーリー

トラブル解決のためのワンポイントアドバイス❹

金森さんをめぐる派遣先での人間関係のトラブルのポイントは、三つあります。
①派遣先で働くにあたって、身近な同僚を味方にする努力を怠ったこと
②人間関係のトラブルの相談をまず派遣会社の担当者にぶつけなかったこと
③業務に支障をきたしている現状について、具体的に指摘できなかったこと

まずは、派遣先で最も身近な同僚を味方にすることができなかったこと。何といっても、これが一番のポイントです。派遣社員という立場で働くにあたっては、職場の上司の信頼を得るのが大切なのはいうまでもありませんが、同様に、できる限り職場の同僚の理解を得るように努め、職場のキーマンとも積極的に人間関係を構築することが必要です。

もし、直接の上司が自分に対して必要以上に気遣いをしてくれる人だったときは、それがまわりの同僚から見ても不快に感じる程度のものであったならば、自ら上司に対して周囲からの誤解が生じないように対応してほしい旨を求め、職場全体のバランスの中で自分

ひとりが突出してしまわないように心がけることが大切です。

また、職場の人間関係のトラブルが業務に支障が出るほど深刻なときは、早い段階で派遣会社の担当者に相談することが大切です。もちろん、臨機応変に職場の上司や先輩に相談を持ちかけることも必要ですが、職場での派遣社員の存在の受け止め方には人によって温度差がありますから、慎重に振る舞わないとかえって逆効果になることもあります。

それよりは、いち早く派遣会社の担当者に状況を把握してもらうことのほうが妥当だといえます。派遣会社や担当者によっては、期待するような反応が得られないこともありますが、状況を報告し事態を把握してもらうだけでも、のちのち派遣会社の責任をしっかりと位置づけることが可能になります。金森さんの場合も、派遣会社からの定期連絡や相談指導の機会を利用して、少なくとも派遣先と同時に相談を持ちかけるべきだったでしょう。

派遣会社に派遣先でのトラブルについて相談する際には、**業務に支障をきたしている現状について、できるかぎり詳細に報告することが大切**です。今回のケースでは、自分が職場で孤立している事実や精神的に追い詰められている現状についてはしっかり説明していますが、業務に支障が出ている状況やその程度についてはあまり触れていません。どの仕事についてどんな差し障りが出ているのか、あらかじめ箇条書きにしてでも、詳細に状況を説明する努力が大切だといえるでしょう。

9

ここがポイント！「派遣先」とのトラブル解決のツボ

派遣元との信頼関係を第一におく

リーマンショックに端を発する世界恐慌の影響で、２００９年現在、派遣社員を取り巻く環境はいまだ経験したことのないくらい、過酷なものになってきています。世間は「派遣切り」の流れ一色といってもいいすぎではなく、今日は無事に職場で活躍できた人も、明日はどうなるかわからないという不安の中で毎日を送っているのが現実です。

「派遣切り」は、派遣社員にとってはいうまでもなく悲惨な現実ですが、同時に派遣会社にとっても痛ましい出来事です。**派遣社員の人たちが派遣先で活躍できるようにサポートするのが派遣会社の最大の使命**ですから、派遣社員の職場がどんどん奪われていくという現実は、派遣会社の存在価値に関わることでもあります。

もちろん、派遣会社としては、職場を失った派遣社員が新たな派遣先で働くことができるよう、最大限の努力を払うのは当然のことです。それでも、職場を失った派遣社員10人につき、うまくいっても２人とか３人にしか、次の職場を紹介することができないというのが厳しい現実です。

そうすると、派遣会社としては、誰に次の派遣先を紹介して、誰に退職してもらうのか決断するという、頭の痛い状態におかれることになります。すべての人に引き続き働いてもらいたいけれども、現実的に不可能という場合、派遣会社はどういった判断で派遣社員を人選するのでしょうか。

考えられる判断要素には、次のようなものがあります。

①派遣先での勤務態度、業績、派遣先の担当者の評価
②派遣会社への貢献度、勤続年数、他の派遣社員からの評価
③派遣社員自身を取り巻く環境（家族構成、生活環境など）

①は、派遣先での仕事ぶりが評価されているかどうかという判断です。この点が最重要なのは、いうまでもないことでしょう。ただ、現実的には、派遣会社は②と③の要素も重要視することが多いことは、意識しておく必要があります。

特に、派遣会社での勤続年数がそれなりに長く、今まで複数の派遣先を経験してきた人は、②の要素が強くなりますし、全国的な「派遣切り」という事態にあたっては、③の要素を考慮することも出てきます。このあたりは、普段からの派遣会社とのやりとりや信頼関係によって大きく左右される要素だといえるでしょう。

10

職場で孤立しないための仲間づくりの大切さ

ここがポイント！　「派遣先」とのトラブル解決のツボ

派遣社員として活躍するために最も大切なのは、職場での仲間づくりです。この場合の仲間というのは、もちろん同じ派遣社員の仲間ということもありますが、**それ以上に派遣先の正社員の仲間の輪の中に入ることが大切**です。

複数の派遣社員が同じ部署で仕事をしている場合、どうしても派遣社員同士がまとまってしまい、休憩時間や昼食も一緒というケースも出てきます。派遣社員の仲間ということでチームワークを組むのは悪いことではありませんが、同じ派遣会社の所属という意識が強すぎるのは、あまり好ましいことではありません。

派遣社員は、あくまで一人ひとりが、派遣先から戦力になることを期待されたスペシャリストであるはずです。いくら同じ職場で複数の派遣社員が働いているとしても、この原則は変わりません。したがって、あなた自身が、部署の一員としていかに会社（派遣先）と向き合うかという視点が大切になってきます。

新卒で正社員として企業に入社したとしても、会社に認められて出世していくためには、与えられたルーチンワークに励むだけではなく、自分という存在をいかに組織に評価してもらうかという努力が不可欠です。同じ経験値で同じ能力なら、組織人としてより会社の方向性に積極的に関わる人が評価されやすいのは、いうまでもないことです。

派遣社員の場合は、そこまで企業の方針にべったりになる必要はありませんが、その分、即戦力としての専門性をアピールすることが大切です。与えられたルーチンを確実にこなすことはいうまでもないことですが、その仕事を担う担当者として、内心では常に創意工夫に心がけ、ささやかな自分色を出すことを目指すべきです。

販売職なら、任された顧客対応のクレームを最小限にして、業務を効率化するためのアイデアを、製造職なら、担当する作業でよりチームワークを高めて、ロスを減らすための方法を、自ら率先して考えるようにします。

派遣社員である自分が、会社にものをいうなんてナンセンスだという見方もありますが、現実はむしろ逆だとみて間違いありません。派遣先は、自らの専門性に自信を持って会社に向き合ってくれる派遣社員を求めています。**社内で「○○といえば、××さん」といわれるようになれば、派遣社員としては一人前**です。文字通り、部署の大切な仲間として、誰もが味方になってくれることでしょう。

5章

11

ここがポイント！　「派遣先」とのトラブル解決のツボ

具体的な打開策を打ち出した交渉を心がける

派遣先とのトラブルでどうしても一歩も譲れないという局面に立たされたときは、覚悟を決めて自分の主張をぶつけることになります。この場合、とても大切なのは、具体的な打開策をしっかり意識して、相手方と話をすることです。

職場や仕事の進め方に不満があって会社にものを申すわけですから、どうしても感情に走りがちですが、落とし所を意識せずに話を進めても、残るのはお互いのわだかまりだけです。場合によっては、かえって禍根を残してしまうことにもなりかねません。

派遣先や派遣元と交渉するときのパターンには、次の二つがあります。

①職場でどうしても納得ができないことがあるから、すぐにも改善してほしい

②もうこの職場で働く意欲がなくなったので、退職させてほしい

派遣社員が会社に不満を抱くケースでは、圧倒的に①のパターンが多いと思います。この場合は、まず会社側に改善してほしい点とその理由をできるかぎり具体的に伝えること。

そして、それが実現することで自分の仕事を取り巻く環境がいかに改善され、具体的にどんな効果があるのかを説明することが大切です。

いかに会社が間違っているかを徹底的に叩いても、それがあなた自身の仕事への前向きな意欲によるものだということが示されなければ、ものごとは前には進みません。

その意味では、具体的な打開策の提案は極めて大切です。自ら打開策を示すということは、相手方のことだけでなく、自分自身のことも冷静にとらえるのでなければ、なしえないことだからです。

②の場合は、すでに退職の意思が固まっているのなら、交渉の余地はないと思われるかもしれません。しかし、このようなケースで重要なのは、退職の意思を持つにいたった経緯をしっかり伝えることです。しかるべき前提があっての退職の意思なわけですから、その前提が変われば取り巻く状況が一変することもありえます。

大切なのは「私はやむなく退職を辞さない意思を持っているが、今の仕事の環境が○○のように変わったならば、辞めなくても済むに違いない。そうしたら、私を取り巻く環境は××のように改善するから、△△くらいの成果が上がるに違いない」といった意思をしっかりと伝えていくことです。

打開策は具体的であればあるほど、相手方には真剣に伝わるものです。

6章

派遣社員として幸せになるためのマインド

1

派遣社員だからこそ、正社員以上に仕事に熱中すべき

派遣社員のメリットは短期集中型

世界不況の影響で「派遣切り」状態に陥るまでは、派遣で働くことができる職種が拡大されるにしたがって、派遣社員の数も右肩上がりに増えてきていました。この間、派遣で働く人それぞれは何がしかの問題や悩みを抱えていたにせよ、全体としては派遣社員としてそれ相応に充実した職業生活を送る人が多かったわけです。それが、一転不況モードに突入すると、製造業では「派遣切り」が横行し、それ以外の業種でもあたかも派遣という働き方自体が間違いであったかのように、ネガティブな話題で持ちきりとなっています。

これは、いったいどういうことなのでしょうか。もともと、派遣社員とは働く人にとってメリットのない働き方だったのを、何か勘違いしてしまっていたのでしょうか。

もちろん、そうではありません。派遣という働き方は、しっかりとその強みを意識して活用すれば、今も昔もとても魅力的な制度であることに違いはありません。大切なのは、正しくその制度を活用して、自分のキャリア形成と向き合っていくことです。

派遣の強みの最たるものは、「**短期集中型**」ということです。

実務経験が乏しくても、特別な資格や検定を持っていなくても、中途採用であっても、派遣という働き方なら、即戦力として活躍できる門戸が大きく開きます。その上、時給ベースで考えれば、中途採用の正社員に遜色のない程度の収入を得ることができます。こんな働き方は、なかなか他の雇用形態では考えにくいものです。

でも、こんな派遣社員のメリットは、「短期集中型」という派遣の持つ性格からもたらされているものだということは、忘れてはいけません。**数か月から長くても2、3年という短期間を即戦力として集中して働くことが求められるからこそ、派遣で働くことのメリットもまた受けることができる**のです。

派遣社員として働く理由には、実にさまざまなものがあります。たとえば、「自分が目指す分野に向けて実務経験が積みたかったから」「まだ子供が小さいためフルタイムでは働けないから」「新卒で就職活動をしたけれども、目ぼしい就職先が見つからなかったから」「資格取得のための勉強時間を確保するため、残業のない職場で働きたいから」など。

どれももっともな理由だと思います。ただ、派遣で働くなら、「短期集中型」が派遣の最大の強みということを念頭に置くことが大切です、そうでないと、場合によっては、のちのちになって、「こんなはずではなかった」という状況が襲うことにもなりかねません。

2

派遣社員だからこそ、正社員以上に仕事に熱中すべき

必ず評価してくれる人はいると信じることの大切さ

派遣で働く場合、職種によって、製造職や営業職のように3年までしか働くことができない仕事と、専門職や事務職のように特に期間の制限なく働くことができる仕事があります。ただ、いずれの場合でも、働く人のキャリア形成という視点からすれば、**3年をひとつの目安ととらえることが大切**です。

SEや財務処理などの専門職でも、3年以上同じ派遣先で働いていると、派遣先に雇用申込義務が生じるケースがあります。派遣法は、派遣社員としてある程度の経験を積んだ人については、こういった制度を活用して、次のキャリアに向けて転身していくことを想定しているのです。

そういう意味では、**今までにないキャリアを数年間かけて身につけて、ある程度の自信がついたなら、次に向けて転身をはかるという目標を持つことが、本来の派遣という働き方の活用法**だということができます。派遣社員である以上は、自分のキャリアは自分で身

につけようと努力することが必須です。

たとえば、今までは販売職の経験しかない人が、今後は事務系・管理系の道に進みたいと決意して、派遣社員として経理の仕事に就いたという場合、その仕事をスタートする段階で必ず目指すべきゴールを設定しておかなければなりません。それは、簿記の資格取得やより専門性の高い職場への転身、正社員としての採用、独立開業など、徐々にステップを踏んでいくもので構わないと思います。

目標とするゴールとそれを達成するための期間を決めたなら、その日からは**派遣社員だからこそ、正社員以上に仕事に熱中することが大切**です。ここからは、文字通り「短期集中型」という派遣の働き方を活かして、自分のペースで、できるかぎりの努力を重ねていきます。派遣社員だからといって、何ら職場に遠慮する必要はありません。

よく、ドラマなどでは、正社員よりも派遣社員の方が仕事ができ過ぎて、派遣社員が職場で孤立していくシーンなどが描かれたりしますが、そんな状態は現実の職場ではかなり稀なケースです。人間関係づくりにそれ相応の配慮さえ尽くしていけば、派遣社員でも、仕事に打ち込むほど職場で歓迎されることはいうまでもありません。

「派遣社員の立場で仕事に熱中しても、誰も認めてくれる人はいないから、ガツガツと働いても意味がない」という人もいますが、必ずしもそんなことはありません。まわりの人と差が出るくらいの実績を残せば、派遣社員であっても間違いなくプラスに評価がされます。健全な企業社会では、最終的にはできる人をできると評価するバランス感覚が働くのが通常です。

派遣社員をしていて会社に認めてもらえないと感じる最大の理由は、派遣社員でありながら正社員的な発想で評価されることを期待していることにあります。派遣社員でありながら、昇給が欲しい、賞与が欲しい、終身雇用されたいと願うのは、そもそも筋違いです。

派遣社員が会社に認めてもらうとは、あなたが目指すゴールに向けてしっかり努力しており、そのために今の仕事に必死に取り組んでいる姿を認めてもらうということです。そのため、派遣社員として会社に評価されるためには、自分が次のステップとして目指している方向性をしっかりとＰＲし、理解してもらおうとする努力が不可欠です。

私も、かつては社労士資格を取得することを次のステップに掲げつつ、派遣社員をしていた時期がありました。もちろん、そのことは職場にも口外していましたが、不思議なもので、そうすると冷たく接する人も出てきますが、結果的には多くの人の理解や協力を得ることができます。最終的には、まだ試験に合格していないにもかかわらず、総務や労務の仕事に移らないかというありがたいお誘いまで、いただくことにもなりました。

必ず評価してくれる人はいると信じることは、意外と大切なマインドだといえます。

3

派遣社員経験は人間力を鍛えるのに最適

派遣元や派遣先と融和していく人間力を身につけよう

よく、「職場の人間関係をつくるのが苦手だから、派遣社員として働く道を選んだ」という人がいます。確かに派遣社員なら、正社員のように会社に忠誠心を誓うこともなければ、煩わしい社内の人間関係や組織運営に関わる必要もありません。かつて人間関係で行き詰ったことがある人が、今までの流れをリセットして新たな環境で仕事をすることを求めるのなら、間違いなく派遣社員は懸命な選択のひとつだといえるでしょう。

でも、派遣社員なら職場での人間関係をつくらなくても大丈夫という発想は、少しもったいない考え方だと思います。派遣社員でも、それ相応の人間関係を意識していくことが必要だということもありますが、それ以上に、派遣社員だからこそ、自分のペースで人間関係をつくっていくことができるはずなのに、それを活かさない手はないということです。

派遣社員とは、求められる仕事について、求められる期間に限定して、自分の持っている専門性を発揮することができる働き方です。このことは逆にいえば、自分と職場との間において、さまざまな「**実験**」をすることが許される働き方だということができます。

今は家電量販店の事業本部で派遣社員として経理の仕事をしているSさんは、もともとは住宅販売会社の営業所で正社員として営業事務をしていました。前職を辞めて派遣社員の道を選択した理由は、将来のために簿記の資格を活かして実務経験を積みたいということもありましたが、それ以上に、それまでの職場で人間関係に悩み、行き場を失っていたことが大きな原因でした。もともと、明朗闊達で社交的な性格を兼ね持つSさんでしたが、営業事務という仕事の性質もあって、職場では表だっては控え目な部分の性格しか発揮することはできず、苦しい日々を送っていたのです。

そこで、派遣社員の道に転身するにあたっては、自分の持っているキャラクターのうち、とにかく明るく前向きな部分を前面に出していくことを決めました。上司に対しても、同僚に対しても、いつも自分から言葉をかけ、常に自分のペースでアグレッシブに仕事に向き合うことを実行したのです。

身ひとつで派遣先に乗り込んで期間限定で即戦力になれる派遣社員なら、必要以上に職場での人間関係にとらわれることなく、自分らしさを発揮するという「実験」が可能です。今までの自分というキャラクターを打ち破って、新たなイメージを発揮するという「実験」をすることで、より積極的に職場での人間力を鍛えることにも結びついてくるのです。

4

派遣元や派遣先と融和していく人間力を身につけよう

派遣元や派遣先を敵視したのでは何も得ることはできない

派遣社員というのは、派遣元に雇用されていながら、派遣先で指揮命令を受けて働くという変則的な勤務形態です。そこには、当然のように、派遣元と派遣先との間にトラブルがつきまとい、働く人にもストレスが襲いかかることになります。

派遣元ではずっと評価の高かった人が新たな派遣先に勤務しだした途端に、職場の人間関係に打ち解けられずに孤立してしまったり、逆に、派遣元からはダメ人材扱いをされていた人が派遣先からはその人間性を高く買われたりということも、しばしば目にするところです。

人には誰しも相性や好き嫌いの傾向がありますが、採用された派遣元だけではなく、勤務する派遣先の職場でも、人間関係をつくっていかなければならない派遣社員の働き方は、人並み以上に気遣いが求められるものです。一方だけを見て働いていたのでは、傷を負ってしまいかねません。

6章

中でも特に注意しなければならないのは、**派遣元と派遣先の双方と等しく人間関係をつくらなければならない**ということです。派遣先の中には、露骨に派遣元のことを見下すような発言をする人もいますし、派遣元にもクライアントである派遣先に偏見を持つような人もいますが、派遣社員に求められるのはあくまでも中立さです。

いかに派遣先の上司があなたのことを評価しつつ派遣元のことを非難したとしても、あなたは決してそれに呼応するような素振りを見せてはいけません。また、派遣元が派遣先の会社の内部のことを批判的に論じたとしても、あなたはそれに関わるべきではありません。このバランス感覚が持てない派遣社員は、いくら仕事ができたとしても、ゆくゆくは職場で行き詰まってしまう可能性が大です。

本当に向上心や挑戦心があり、職場で自分の持ち味を活かしたいと願う人は、仕事上でお世話になる人に対しては、派遣元であろうが派遣先であろうが等しく良好な関係を維持することを求めます。逆に、冷静にこの努力ができない人は、結果として職場で孤立してしまうケースも多いのです。

派遣先でよくある例としては、派遣先の勧めに応じて派遣先に直接雇用されることがありますが、このような際も、派遣先の担当者が派遣元のことを非難するのに呼応してしまうような態度は禁物だといえます。一方の人間関係で評価されても、もう一方の人間関係をおろそかにする人は、最終的には仕事を通じて信頼関係を築くことはできません。

派遣先が派遣元を活用しているのは派遣元にそれ相応の魅力があるからであり、派遣元も信頼できる派遣先だと思うからこそ取引しているはずです。ところが、現実には、日々の業務に向き合う中で、お互いの間にすきま風が吹いてしまったり、信頼関係にひびが入ってしまうことも出てきます。こんなとき、本当に職場を大切に思う派遣社員なら、派遣元とも派遣先ともうまくコミュニケーションをとることで、いくらかでも職場の雰囲気をよい方向に向かわせるための努力を惜しまないはずです。

実際に、派遣元に不信の思いを持つ派遣先から直接雇用の打診があっても、あえて派遣元の担当者を巻き込んで話をすすめることで、派遣元と派遣先の関係も改善させた上で移籍を果たしたようなケースや、職場でトラブルが起こった際にも、普段はまったく派遣先の出来事に関心を持たない派遣元の担当者にあえて相談を持ちかけることで、かえって円満に解決の糸口を見出したというケースもあります。

派遣元にも派遣先にも気を使わなければならない立場を面倒だとは思わずに、むしろ双方と人間関係をつくれることに喜びを見出すくらいの柔軟さが大切です。そう思うことで、新しい職場でもさまざまな角度から人間関係を切り開くことが可能になり、派遣元とも派遣先とも融和できる人間力を培うことに結びつくように思います。

5

輝く派遣社員になるための自分プロデュース法

マインドを高めるための自分と職場の結びつけ方

派遣で働き始めるときには、必ず注意しなければならないポイントがあります。それは、**あなた自身の判断で、働く職種や業種、勤務地を選ぶという意識を強く持つべき**だということです。間違っても、派遣会社の担当者の勧めだけを頼りにしたり、他に仕事がないからという理由だけで判断すべきではありません。

そんなことは当然だとお考えかもしれません。でも、実際には、派遣社員の道を選択する人の中には、このことがあまり意識できていないケースがしばしば見られます。自分の判断で職業を選択するという意識が低くても、あまり抵抗感なく職場に入ることができるところに、派遣の働き方の特徴と罠が共存しているのです。

自分で職種や勤務地が選べる立場であるのなら、あえて派遣社員の道を選ぶわけがない。それができない状況にあるから、やむなく派遣で働くのだ、という見方もあります。でも、最大限に自分の意思を大切にして、これから歩むべきキャリアを切り開こうという思いがなければ、残念ながら派遣社員としても納得のいく職業生活を送ることは困難です。

いわゆる日雇派遣に代表される過酷な就労実態が社会問題になったのは、さまざまな問題が根底にあるにせよ、結果として働く人の意思やキャリア形成という視点がなおざりにされてきたからです。これでは、スタートの段階で不本意な結末が予想されてしまいます。

派遣社員として次につながる働き方を考えるための選択肢には、二つの方向性があります。ひとつは、**次のステップへの準備や貯蓄のための期間を得たいため、文字通り「期間限定」の働き方を求める選択肢**。もうひとつは、**とにかく今、自分がやりたい職業をすぐに経験したいという選択肢**です。突き詰めて考えると、派遣社員の成功ルールには、この二つの方向性しかありません。

派遣社員としての仕事の意味を高めていくためには、自分がこのどちらを選択しているのかを明確に意識していくことが大切です。前者の場合なら、今後の目標は具体的に何で、そのためにどれだけの期間、派遣社員をするのか。後者の場合なら、あなたがその職種を選んだ理由は何で、派遣社員としては何を得たいのか。

このあたりのことをしっかりと意識して職場に臨むことができたなら、自ずから仕事に向き合うマインドも高まってくるはずです。**自分の将来を明確にイメージできている人にとっては、派遣社員という働き方は最強の選択肢になりうる**のです。

6

遠慮なく理想を追い求める人が、最後には勝ち残る

派遣社員として充実した職業生活を送り、さらに次の目標に向けてステップアップするためには、素直に自分の夢と向き合う姿勢が大切です。派遣社員というと、黙々と与えられた仕事をこなすだけの立場であり、夢や目標を掲げてもむなしいと思われがちですが、必ずしもそうではありません。理想を追い求める人が最後には勝ち残るのです。

今では数多くのクライアントを抱える税理士法人の経営者として活躍する税理士のMさんは、かつては派遣社員をしていました。税理士試験の勉強期間中の約3年半、派遣社員として民間企業の経理課で勤務し、コツコツと実務経験を積みつつ、試験勉強に明け暮れる生活を送りました。そんなMさんはいいます。

「私が派遣社員として働く道を選んだのは、財務処理の専門部署での勤務経験を積みつつ、ある程度の勉強時間を確保したかったからです。税理士になることを目標にしていたものの、もともと住宅メーカーの営業マンをしていた私には、経理や財務の実務経験はまっ

たくありませんでした。最初の派遣先はかなり大きな会社の財務部でしたが、数千人規模の会社の決算処理に部分的とはいえ関与できたことは、多くの実務知識を手にすることにもなり、大きな自信になりました。その後に移った派遣先は、一転して小さな町工場の経理部でした。この会社ではまったく残業がなかった上に、かなり自分のペースで仕事させてもらえたので、試験勉強中の私にとってはとても働きやすい環境でした。**数年間でいくつかの規模や業態の会社の実務を経験できたことは、税理士として独立してからの業務の切り口を学ぶことにもなり、とても有益だった**と思います。このような働き方は、やはり派遣社員でなければできなかったと思います」

また、今はシステムコンサルタントとして独立しているSさんも、以前はSEとして派遣社員をしていました。Sさんが派遣社員時代に意識していたことは、とにかく自分が独立したときの視点に立って、日々の仕事に向き合うということです。普段の設計作業やクライアントとの折衝、システムの運用などにあたっても、常に自分が独立したときの姿をイメージして、貪欲にすべての知識やノウハウを吸収するように心がけたそうです。

単に会社から求められる業務をこなすというスタンスではなく、自分が経営者になったつもりですべての仕事と接することで、どうすればクライアントの信頼にこたえられるのかということだけではなく、どうすればより付加価値の高い提案を体系化できるのか、どうすればよりチームプレーを徹底できるのか、どうすればより業務の利益性を高めることができるのか、といった普段はあまり明確ではなかった視点を持つことを徹底しました。

こういう発想を持てる人材を会社が放っておくわけがありません。Ｓさんは派遣先のプロジェクトのチーフに指名され、業務面でも収入面でも一段上の仕事を任されることになります。そうすると、より自分のペースで仕事がしやすくなり、密度の高い現場経験を積むことができるという好循環を呼ぶことができたのです。

将来、自分が独立したときの視点に立って、派遣社員として経験を積んでいくことで、独立後に必要な知識やノウハウを手にすることができただけでなく、独立に際しての心構えも強固にすることができます。派遣の働き方の最大の強みである、短期間で即戦力として活躍できるという特徴を最大限に発揮することができるのです。

これらの人に共通するのは、**まわりに妥協することなく自分の理想を追い求め、あきらめずに努力を続ける中に、派遣社員の持つ強みをしっかりと位置づけることができていた**ということです。派遣社員として、よい意味で実務現場での「実験」を繰り返すことで、確実に経験の幅を厚くすることができ、次のステップに向けたチャンスを引き寄せることができるのだといえるでしょう。明確な目標と、それを叶えるための「実験」の日々。こういう目線を持てる人は、輝く派遣社員として最後には勝ち残る人だといえるでしょう。

7

現場のプロたちに聞く！

成功派遣社員へのインタビュー❶
派遣社員歴15年の松本知子さん

東京都在住の松本さんは、正社員経験から派遣の世界に入り、大手の通信会社、証券会社、財団法人などで人事総務部門のプロとして派遣社員をしています。平成6年から派遣の仕事を続けてきているキャリア派の派遣社員です。その経験や知識は、知人の社会保険労務士事務所からもアドバイスを求められるほどだといいます。

Q　今まで派遣社員をされていてよかった点、悪かった点をお聞かせください。

A　よかった点は、超大手企業の中枢である、人事や総務といった部門で働けたことです。また、いろいろな企業の人事総務の仕事のやり方を経験出来たことは、現在の仕事をする上で財産になっています。仕事で嫌なことがあっても「契約更新しなければいい」と割り切り、気持ちを切り替えて働けることも精神的なゆとりになり、むしろ長く続けられるモチベーションの元になりました。

6章

悪かった点は、やはり、賞与がないというのは痛いですね。年に2回、まとまった金額を手にすることが出来るのと出来ないのとでは、日頃のお金の使い方が変わってきます。おかげで無駄使いをしなくなりました。

Q　2009年問題は、製造業以外の派遣社員にどんな影響をもたらすと思いますか？

A　本来の2009年問題は、派遣切りですっかり終わった感がありますが、私が危惧しているのは「不安定な非正規社員の雇用安定」を謳って法改正が進んでしまうことです。

そもそも、非正規労働とは雇用が安定していないのが当たり前ではないでしょうか。だからこそ非正規なわけであって、一様に正規社員同様の安定を求めること自体が間違っています。現場を知らない人達が「格差是正・雇用安定」等と声を上げるのは、非正規社員としては非常に困りますね。

非正規を雇う上での負担やハードルが大きくなってしまえば、企業側は非正規社員の労働の場を狭めてくると予想されます。我々「派遣さん」の就業場所が減ることにもなりかねません。中途半端なセーフティネットを整備して、結果として派遣の雇用の場が減ってしまうのであればまったく無意味だと思います。

Q これから派遣社員になる方へひと言メッセージをお願いします。

A 正規社員としての就業経験のない方には派遣という労働のスタイルはお勧めしません。学校を卒業したら、まずは正社員として働き、一人前の社会人になるべきでしょう。派遣という労働のスタイルは、あくまでも「社会人が働く手段のひとつである」という認識に立ち、デメリットを理解した上で、派遣のメリットを最大限に活かして働くことが出来れば、最高ですね。

不景気になれば社員・派遣関係なく会社を追い出されてしまいます。いつでもどこでも何でも対応出来る、強い社会人であることが、これからの時代を生き抜いていく上での必須要件となるでしょう。3日しか働いていなくても3年も在籍しているような顔をして取引先やお客様の応対をしなければならない、それが当たり前であり、また普通にこなしていける我々「派遣さん」達の持つスキルこそ、不景気の荒波を上手に乗り切っていく底力となるのではないでしょうか？

6章

8

現場のプロたちに聞く！

成功派遣社員へのインタビュー❷

社労士法人日本人事の織田純代さん

織田さんは、約10年間、10社ほどの派遣会社で派遣社員として経験を積んだ後、その経験を生かして社会保険労務士として独立しました。派遣社員時代から常に独立開業を目指した働き方を意識しており、派遣を経験したからこそ、独立に成功できたといいます。

Q　派遣社員を取り巻く環境について、この先の見通しについてどうお考えですか？

A　派遣社員にも大きく分けると2通りあると思います。自由な働き方をしたい・経験を積みたい・正社員では入れない大企業に入りたいなど派遣社員という特性を利用したい人たちと、正社員になれないなどの理由でやむを得ず派遣社員になった人たちです。その中で、特に工場等に勤務する後者の人たちの契約解除が社会的な問題になっています。これについては、２００９年問題もあって契約社員や請負に変わるかもしれませんが、雇用の安定や年収などの処遇面は改善されない可能性は高いと思います。

Q **派遣社員の経験を活かして独立開業する上でのポイントをお教えください。**

A まず、独立開業したい分野の経験を、計画的に積んでいくべきだと思います。派遣社員は、ひとつの会社で正社員しかしていない人より、たくさんの企業を経験できるというメリットがありますから、職種や業種を絞って経験を積めば、開業に活かせます。

Q **この不況の最中でも「勝ち組派遣」になる方法はあるのでしょうか？**

A 私が思う「派遣社員でよかった人」とは、ひとつは「真剣にプロフェッショナルを目指し、その先に将来像がある人」ではないでしょうか。そして、もうひとつは、「一流企業のエリートサラリーマンとの結婚を望んで派遣社員として入社し、よい結婚相手を得られた人」。これも戦略としてありだと思います。

Q **織田さんにとって派遣社員とは何ですか？**

A 私は、派遣社員とは、主婦など自分の収入に生活がかかっていなくて短期間だけ仕事がしたい人や、ある程度の貯えがあり資格試験の勉強などのために一定期間だけは定時で終わる仕事がしたい、または必要な経験を積みたい、という独立志向の人など、「将

6章

来的にも正社員になることを望まない人が必要期間だけ就業する」のに適しているものだと思っています。次が、紹介予定派遣のように、「正社員になれなかった人や早期に退職してしまった若い人が正社員を目指す」ために使うものですね。年齢がいくほど正社員への転職も難しく、将来的に自分の収入に生活がかかっている人が気軽になれるものではありません。また、職種にもよりますが、派遣社員生活が長いほど、よほど意識しないと同年齢でずっと正社員でいる人と比べて職能力の差がつきやすい傾向もあり、自分のキャリアにマイナスになることも少なくありません。「派遣社員のままでいては将来の長期的な展望は持てない」のも事実でしょう。なので、イメージに騙されず、多大な期待をせず、メリットをうまく活かしつつ適度な時期に脱出する気持ちが必要な仕事だと思います。

ただ、こと自分の将来の展望については、このままではマズイと気づいたのが30代半ばになってからでした。もっと早く気づいていれば別の展開もあったかも……と思わなくもありませんから、実感がこもっています。

もっとも、組織の正社員という立場には馴染まないという性格上、職人的派遣社員の他に選択の余地がなかったのですが。こういう人の将来は、独立以外にはないと思います。

9

現場のプロたちに聞く！

派遣会社社長&キャリアカウンセラーへのインタビュー
レイクウイングの高木透さん

高木さんは、大手派遣会社で管理職を経験後独立して、滋賀県湖南市で派遣会社を経営するとともに、キャリアカウンセラーとしても活躍し、毎日のように多くの就職・転職希望者の相談に乗っています。派遣会社の経営者とキャリアカウンセラーの二つの視点から多くの派遣社員を見ている高木さんに、最近の派遣社員について聞きました。

Q　最近の派遣社員の方を見ていて、よい点、悪い点をお聞かせください。

A　よい点は、臨機応変に対応する力だと思います。最近の派遣社員の方は、会社の要望や期待について柔軟に受け入れ、即行動に移すという能力は、相当に高いと思います。逆に悪い点は、もちろん一部の方ではありますが、あまり責任感が感じられず、連絡もなく突発的な休みを取ったりする人がいることです。これはどの派遣会社でも、ある程度は抱えている問題のようです。

6章

Q　**派遣社員を取り巻く環境について、この先の見通しはどうお考えでしょうか？**

A　派遣自体は「派遣切り」などが大々的に社会問題となったことで、しばらくは世間から誤解されやすいポジションだと思います。当然のことですが、派遣社員への風当たりも厳しいものがあると思います。ただ、本物志向の企業から見れば、優秀な人材、必要な人材は必ず求められますので、実力のある人はやはり引っ張りだこになります。長期的には、派遣という働き方は見直されつつ、企業からのニーズ自体は復活してくるのではと思います。

Q　**2009年問題は、派遣社員にどんな影響をもたらすと思われますか？**

A　派遣社員を活用する企業から見れば、相当に規制が厳しくなったというイメージとなり、派遣で働くスタイルが敬遠されやすくなると感じます。派遣会社としては、かなり危機感を持つべきだと思います。

Q　**派遣社員にとって今見通しの明るい業種、職種はありますか？**

A　皆さん敬遠されますが、社会福祉系はこれから国も積極的に支援すると思いますので、資格取得を目指していくのもひとつのプランだと考えています。

Q　**派遣社員として仕事を続けていくには、どんなヒューマンスキルが必要ですか？**

A　素直な心。学ぶ心。謙虚な心。それに限ります。

Q　**この不況の最中でも「勝ち組派遣」になる方法はあるのでしょうか？**

A　派遣会社も派遣スタッフも自己啓発を積極的に行なえば、必ず勝ち残ると思います。

Q　**高木さんにとって派遣社員とは何ですか？**

A　ひと言でいえば、よきビジネスパートナーです。

Q　**最後に、これから派遣社員になる方へひと言メッセージをお願いします。**

A　何かとよいイメージが持たれなくなりましたが、派遣社員こそプロフェッショナルであるべきだと思います。派遣社員がいるからこそ、国の経済成長があったことは事実でしょう。胸を張って仕事に取り組んでいただきたいと思います。同時にキャリアプランを考えることも忘れずにいてほしいです。本物は必ず光ります。そのためには、派遣会社も考え方を再考していく必要があります。親身になってくれる会社を選ぶ力量も試されますね。

6章

おわりに

必要な法律知識を身につけて、「攻め手」の派遣社員になろう

2009年の年明けには「年越し派遣村」の悲惨な状況が話題になり、その後も毎日のように「派遣切り」の残酷な現実が報じられました。そして景気は悪化するばかりで、路頭に迷う失業者は増える一方。派遣については、とにかく暗い話題ばかりが目立つ昨今です。今では、職場を失ったり、心に傷を負って悩んでいる人はもちろんとして、充実した派遣社員生活を満喫しているはずの人までもが、自信を失ってしまっています。

こんな現実を見ていて、あなたは思いませんか？　なぜ、派遣社員ばかりがこんな目にあうのか。もちろん、雇用不安の渦は派遣やパートなどの非正規社員だけでなく、多くの正社員にも広がっているのに、派遣がその典型だといわれるのはなぜなのか。制度が悪いとか、大企業が悪いといった論調もありますが、本当にそれだけなのか。

私は、必ずしも派遣だけが時代の犠牲にあっているという認識は正しくないと思ってい

ます。もちろん、制度にも企業側にも問題があるのでしょうが、同時に派遣で働く人自身の資質やマインドの要素も、もっと問われてしかるべきではないでしょうか。

ひと言でいえば、今、問題になっている派遣のトピックは「受け身」一色なのです。大不況の到来で突然に「派遣切り」にあってしまった。仕事も住居も失って行き場をなくして「派遣村」しか受け皿がなかった。しょせんは派遣社員だから、いったん失業すると次の転職先を探すのもままならない。これらの話題では、すべて派遣で働く人が「受け身」になってしまっています。さまざまな事情があるにせよ、「受け身」ゆえの悲哀という部分も、否定はできないのです。

本文でも触れたように、派遣という働き方は、具体的に目標と期限を設定してこそ威力が発揮できるスタイルです。ただやみくもに仕事を続け、経験を積むという姿勢では、そもそも派遣社員をしていることのメリットを十分に受けることはできません。派遣社員として成長し、達成感を味わうためには、そのための明確な戦略が必要なのです。

それなのに「受け身」的な発想だったのでは、よい方向に進めるわけがありません。多くの派遣社員の人は「正社員になれないから、派遣をしている」と語りますが、派遣社員として成功している人は、このような言葉遣いをすることはありません。このあたりが、派遣という働き方で成果を得られるかどうかの分岐点ではないでしょうか。

今は間違いなく、派遣にとっては冬の時代です。でも、災害や景気もそうですが、意外と風評被害の部分も大きいのです。「大変な時代」という雰囲気にのまれて、本来持っているマインドを見失ってはいけません。こんな時代だからこそ、「受け身」ではなく「攻め手」の派遣社員になるべきなのです。

「攻め手」の派遣社員は、自分の中に揺るぎない目標を掲げて働き、目標に向けてひた走ることがまわりにとっても利益になるよう、細心の注意を払います。妥協を許さず貪欲に理想を追い求めつつ、周囲と調和をはかり理解と共感を得ることができる人こそが、派遣社員としてたくましく成功することができるのだといえるでしょう。

そのためには、正確な法律知識が必要不可欠です。派遣法などの法律が大切というと、その知識を使って会社に何かを主張したり、対決することをイメージしがちですが、必ずしもそうではありません。法律知識を身につけることの最大のメリットは、それによって派遣の働き方の持つリスクを正確に認識することができることです。あらかじめリスク対策を万全にすることで、自分のペースで仕事に向き合うことができるようになるのです。

確かに派遣社員はリスクの多い働き方ですが、同時にうまく活用すれば他の働き方以上に威力を発揮することができるものでもあります。そのメリットをうまく引き出し、自分が成長するための踏み台とすることで、生きがいに思える職業と出会ったり、専門職として転身したり、事業家として独立したり、学問や芸術の分野で成果を上げることが十分に可能になるのです。逆に、「受け身」の姿勢で仕事を続けてしまったのでは、「派遣切り」にあう可能性があるという点では、期間従業員やアルバイト以上にリスクが大きい働き方だといえるでしょう。

派遣社員として働くなら、まずは正確な法律知識を身につけて正しいリスク管理を行なうことで、無用な不安を取り除くことが大切です。そうすることで、「攻め手」の派遣社員になることができます。リスク対策をしっかりと行なって、貪欲に自分の理想を追い求める。これこそが、「受け身」派遣社員の状態から脱出して、「攻め手」の派遣社員に生まれ変わる大きなポイントだといえるでしょう。

リスク管理と上手な働き方を心がけることで、「派遣社員だって、こんなことができるんだ」と胸を張っていえる人が1人でも多く登場されることを心から願っています。

この本は、日頃お世話になっている皆様の存在なくしては、決して執筆することができませんでした。クライアント様や派遣社員の皆様、執筆にご協力くださった皆様に、あらためて感謝申し上げます。

また出版にあたっては、同文舘出版の古市達彦部長、竹並治子さんには何から何までお世話になりましたことを、あらためてお礼申し上げます。

そして、日々の忙しい業務の中、協力してくれたスタッフの山野陽子さん、岡本妙子さん、岩手久美子さんにもお礼の言葉を添えたいと思います。

最後に、今まで好き勝手な道を歩んできているにもかかわらず、常に温かく見守ってくれている私の両親にも、あらためてお礼をいわせてください。ありがとうございます。

最後までお読みいただきまして、ありがとうございました。

2009年2月

小岩　広宣

著者略歴

小岩　広宣（こいわ・ひろのり）

社会保険労務士法人ナデック代表社員、株式会社ナデック代表取締役、特定社会保険労務士。1973年、三重県生まれ。幼少の頃から対人恐怖症に苦しみ、新卒で就職した会社を３か月で解雇されるも、派遣社員の経験を通じて自分を認めてくれる職場に出会い、再起を果たす。自らの体験から、コンプレックスを背負った人でも、会社と一定の距離を保つことでスキルアップがはかれる派遣社員の働き方を、「逆境をはねのけるメソッド」と位置づける。派遣社員と本気で向き合う派遣会社が１社でも増えることを願って、年間約１００社の派遣会社の支援に取り組んでいる。最近では、対人恐怖症やリストラに悩む人たちに対する情報発信にも取り組み、実体験に裏打ちされたカウンセリングには定評がある。著書に『派遣「勝ち組」へのステップアップ法 ―転機のつかみ方―』（三修社）、『「人材派遣・職業紹介」はじめての開業＆かんたん手続き』（技術評論社）がある。

【メールマガジン】 年収２００万円からの★キャリア術＆成功法則！
http://www.mag2.com/m/0000287311.html

【ホームページ】 派遣社員のためのコミュニティーサイト・派遣社員ドットインフォ
http://www.haken-syain.info

【ブログ】 小岩広宣の「勝ち組」へのステップアップ法！
http://ameblo.jp/koiwahironori

【連絡先】 info@hakengyou.com
＊本書へのご意見、ご感想をお待ちしております。いただいたメールには、必ずすべて目を通させていただきます。

これだけは知っておきたい!

派遣社員のためのリスク管理と上手な働き方

平成21年5月14日　初版発行

著　者――小岩 広宣

発行者――中島 治久

発行所――同文舘出版株式会社

東京都千代田区神田神保町 1-41　〒 101-0051
電話　営業 03（3294）1801　編集 03（3294）1803
振替　00100-8-42935　http://www.dobunkan.co.jp

ISBN978-4-495-58431-3
印刷／製本：シナノ
Printed in Japan 2009